中国南方电网
CHINA SOUTHERN POWER GRID
南方电网能源发展研究院

中国电力市场化改革报告

（2022年）

南方电网能源发展研究院有限责任公司　编著

中国电力出版社
CHINA ELECTRIC POWER PRESS

图书在版编目（CIP）数据

中国电力市场化改革报告．2022年/南方电网能源发展研究院有限责任公司编著．—北京：中国电力出版社，2023.4

ISBN 978-7-5198-7751-4

Ⅰ.①中…　Ⅱ.①南…　Ⅲ.①电力市场—市场改革—研究报告—中国—2022　Ⅳ.①F426.61

中国国家版本馆CIP数据核字（2023）第065642号

出版发行：中国电力出版社
地　　址：北京市东城区北京站西街19号（邮政编码100005）
网　　址：http：//www.cepp.sgcc.com.cn
责任编辑：岳　璐（010-63412339）
责任校对：黄　蓓　郝军燕
装帧设计：张俊霞
责任印制：石　雷

印　　刷：北京华联印刷有限公司
版　　次：2023年4月第一版
印　　次：2023年4月北京第一次印刷
开　　本：787毫米×1092毫米　16开本
印　　张：7.5
字　　数：104千字
印　　数：0001—1000册
定　　价：48.00元

《中国电力市场化改革报告（2022 年）》

编　写　组

组　　长　陈　政

主 笔 人　尚　楠　张　妍　卢治霖

编写人员　冷　媛　黄国日　杨鑫和　梁梓杨

前言

PREFACE

在积极稳妥推进碳达峰、碳中和的背景下，我国能源电力行业在加快规划建设新型能源体系、逐步构建新能源占比逐渐提高的新型电力系统的方向上奋力前行。南方电网能源发展研究院以习近平新时代社会主义思想为指导，在南方电网公司党组的正确领导下，立足具有行业影响力的世界一流能源智库，服务国家能源战略、服务能源电力行业、服务经济社会发展的行业智囊定位，围绕能源清洁低碳转型、新型电力系统建设以及企业创新发展等焦点议题，深入开展战略性、基础性、应用性研究，形成一批高质量研究成果，以年度系列专题研究报告形式集结成册，希望为党和政府科学决策、行业变革发展、相关研究人员提供智慧和力量。

2021 年是党和国家历史上具有里程碑意义的一年，面对百年变局和世纪疫情考验，我国经济发展和疫情防控保持全球领先地位，构建新发展格局迈出新步伐，高质量发展取得新成效。在“双碳”目标和能源安全新战略的推动下，我国电力市场化改革迈向全新的发展阶段，为有效应对复杂多变的能源供需形势、全面推动能源绿色低碳转型、落实应对气候变化国家自主贡献目标提供有力支撑。2021 年以来，深化燃煤发电上网电价市场化改革、加快推动全国统一电力市场体系建设等政策相继出台，为“十四五”期间我国进一步深化电力市场化改革实现精彩开局。

作为年度系列专题研究报告之一，《中国电力市场化改革报告（2022

年）》跟踪分析了 2021 年我国电力市场化改革进程，对改革环境、改革政策、市场主体、交易规模、电价走势等进行了系统梳理。同时，针对新型电力系统建设过程中面临的电力现货交易试点建设、绿色电力交易机制、碳排放权市场建设及对电力市场的影响等焦点热点问题开展了专题分析。

本报告由尚楠负责第 1 章、第 2 章、第 3 章的编写，张妍负责第 4 章、第 6 章的编写，卢治霖负责第 5 章的编写，其余编写人员对本报告均有贡献。报告旨在对我国电力市场化改革进行全景展示和剖析，为相关政策制定者、市场参与者及研究人员等提供参考。

限于作者水平，报告难免存在疏漏与不足，恳请读者批评指正。

编　者

2022 年 9 月

目 录

CONTENTS

摘　要

创新引领

智力共享

2021年，我国电力市场化改革稳步推进，在政策体系、市场建设等方面均取得积极成效，主体多元、竞争有序的电力格局进一步清晰，市场在资源优化配置中的作用进一步增强，市场化交易电量比重进一步提升，为助力国家“双碳”目标实现持续发挥重要支撑作用。

市场化改革重磅举措持续落地，系列政策文件密集出台。价格改革取得新突破，全面放开燃煤发电上网电价，优化峰谷分时电价机制，真正建立起“能跌能涨”的市场化电价形成机制；市场建设稳步推进，中长期交易落实“六签”，现货市场建设平稳推进，辅助服务市场规则持续优化；市场体系持续完善，全国统一电力市场体系建设提速，省间电力交易体系持续完善，南方区域电力市场建设取得重要进展；持续优化能源结构，锚定清洁低碳转型，推动建立超额消纳量交易、绿色电力交易、全国碳排放权交易等市场机制，为清洁能源发展注入强大动力。

电力交易机构运行进一步规范，市场主体数量持续扩大。全国各地区电力交易机构持续推进股份制改造，推进机构运行进一步规范，广州、广东、广西、贵州等交易机构通过增资扩股、定向减资等方式，降低电网企业持股份额至44%以下。2021年，在全国各电力交易机构注册的各类市场主体累计突破46万家，较2020年增长约20万家，同比增长70%以上；其中，发电企业突破3万家，售电公司超过5000家，电力用户超过40万家。

经济秩序快速恢复稳定向好，电量交易规模持续增长。伴随着国内经济逐步稳定恢复，市场化交易规模持续扩大，2021年，全国各电力交易中心累计组织市场交易电量37 787.4亿kWh，同比增长19.3%，占全社会用电量比重45.5%；其中省内交易电量（中长期）约30 760.3亿kWh，包括绿色电力交易6.3亿kWh；省间交易电量（中长期和现货）约7027.1亿kWh，为推动电力资源在全国更大范围内共享互济和优化配置，助力“双碳”目标实现提供有力支持。

第一批电力现货试点加速驶入“快车道”，第二批现货试点建设全面铺开。第一批现货试点陆续开启长周期连续结算试运行，福建、山西、甘肃等试点省份连续结算试运行超过一年；第二批现货试点中，江苏、安徽、辽宁已完成模拟试运行，河南、上海、湖北现货交易试点模拟试运行即将开启。现货市场试点建设成效显著，市场化比例进一步提升、市场主体更加多元、风险防控机制进一步完善、市场范围进一步扩大，为其他地区现货市场建设提供了宝贵经验。

绿色电力交易（以下简称绿电交易）有序开展，多措并举促进清洁能源消纳。2021 年 9 月 7 日，绿色电力交易试点正式启动，交易用户类型覆盖了国有大型企业、跨国公司和外贸型企业。开展绿色电力交易，通过市场化方式发现绿色电力的环境价值，进一步助推新型电力系统建设。未来我国绿证交易、超额消纳量交易、绿电交易等市场机制之间联系将更加紧密，形成多市场协同运行、共同发力的局面。

全国碳排放权市场大幕拉开，能源消费向绿色低碳转型。2021 年 7 月 16 日，全国碳市场交易正式启动上线交易，发电行业成为首个纳入全国碳市场的行业。电力市场与碳市场共同服务于清洁能源发展、社会行业节能减排等目标，在产品属性、价格形成、治理监管等方面联系密切。随着电力市场化改革的持续深化，电力市场与碳市场之间的联系将日趋紧密，推动电力市场与碳市场协调发展，进一步发挥其综合调控作用，有力支撑“碳达峰、碳中和”目标实现，是电力市场与碳市场未来发展的必然趋势。

第 1 章

电力体制改革总体形势

创新引领

智力共享

1.1　宏观环境

1.1.1　宏观改革形势

（1）全面深化改革。2021 年，习近平总书记共主持召开了六次中央全面深化改革委员会会议，聚焦经济、教育、医疗、生态、科技等重要领域和关键环节，审议通过 30 余项重要改革文件，坚持以深化改革贯彻新发展理念、构建新发展格局、推动高质量发展，发挥制度优势应对风险挑战，以改革办法解决发展难题，加强改革系统集成，推动改革落地见效。

中央全面深化改革委员会第二十次会议审议通过了《关于加快构建新发展格局的指导意见》，强调要坚持问题导向，突出针对性和可操作性，打好攻坚战和组合拳，以重点突破带动引领发展格局的战略转型；要持续深化供给侧结构改革，统筹推进重要领域和关键环节改革，强化有利于提高资源配置效率、有利于调动全社会积极性的重大改革；要坚持全国一盘棋，更好地发挥中央、地方和各方面积极性，推动部门高效联动、区域协同发展；要加强统筹指导，督促地方和部门找准服务和融入新发展格局的切入点，更好服务和融入全国新发展格局；要强化底线思维，有效防范应对重点领域潜在风险，守住新发展格局的安全底线。

在社会主义市场经济建设方面，中央全面深化改革委员会第二十三次会议审议通过了《关于加快建设全国统一大市场的意见》，提出从制度建设着眼，坚持立破并举，在完善市场基础制度规则、推进市场设施高标准联通、加快要素和资源市场建设、推进商品和服务市场高水平统一、提升监管治理水平等方面出台有效的政策举措，不断提高政策的统一性、规则的一致性、执行的协同性；加快清理废除妨碍统一市场和公平竞争的各种规定和做法；结合区域重大战略、区域协调发展战略实施，优先开展统一大市场建设工作，发挥示范引领作用。为进一步充分发挥市场在资源配置中的决定性作用，《要素市场化配置综合改革试点总体方案》《建设高标准市场体系行动方案》等文件相继印发，提出要着力破除阻碍要素自主有序流动的体制机制障碍，全面提高要素协同配置效率；同时提出以深化供给侧结构性改革为主线，牢牢把握扩大内需战略基点，畅通市场循环，疏通政策堵点，打通流通大动脉，推进市场提质增效，通过 5 年左右的努力，基本建成统一开放、竞争有序、制度完备、治理完善的高标准市场体系。

在电力市场建设领域，中央全面深化改革委员会第二十二次会议审议通过了《关于加快建设全国统一电力市场体系的指导意见》，提出要健全多层次统一电力市场体系，加快建设国家电力市场，引导全国、省（区、市）、区域各层次电力市场协同运行、融合发展，规范统一的交易规则和技术标准，推动形成多元竞争的电力市场格局；改革完善煤电价格市场化形成机制，完善电价传导机制，有效平衡电力供需。要加强电力统筹规划、政策法规、科学监测等工作，做好基本公共服务供给的兜底，确保居民、农业、公用事业等用电价格相对稳定；要推进适应能源结构转型的电力市场机制建设，有序推动新能源参与市场交易，科学指导电力规划和有效投资，发挥电力市场对能源清洁低碳转型的支撑作用。

（2）稳电价稳经济，为企业纾困解难。2021 年以来，面对复杂严峻的国际环境和国内新冠肺炎疫情频发等多重考验，我国持续采取积极应对措施，为稳定经济、为中小企业纾困解难。2022 年 5 月 11 日，国务院常务会议召开，根据当前经济形势做出系列具体部署安排，会议要求财政、货币政策要以就业优先为导向，退减税、缓缴社保费、降低融资成本等措施，都着力指向稳市场主体稳岗位稳就业，以保基本民生、稳增长、促消费。

在能源电力领域，国内多地延续实施疫情期间支持性电价政策，2021 年 4 季度以来，国家发改委等有关部门出台一系列“保供稳价”政策，积极落实系列对制造业、中小微企业、个体工商户、服务业等特殊困难行业实施阶段性欠费不停供等精准帮扶的退税减税降费措施，为有效降低企业用电成本，缓解企业经营压力，支持企业复工复产提供持续支撑；2021 年 4 月，国家发改委印发《关于做好 2021 年降成本重点工作的通知》，明确要求平稳执行新核定的 2021 年输配电价和销售电价，进一步清理用电不合理加价，继续推动降低一般工商业电价，持续推进电力市场化改革，允许所有制造业企业参与电力市场化交易；2021 年 9—10 月，在需求增长与燃煤供应偏紧、煤炭价格持续高位运行、新能源出力不稳等因素叠加下，供电矛盾紧张，国家层面在全力推进电力保障供应的同时，进一步加快市场化改革，同时明确居民、农业用电，由电网企业保障供应，仍执行现行目录销售电价政策。

（3）构建碳达峰、碳中和“1＋*N*”政策体系。2021 年 10 月 12 日，习近平主席出席《生物多样性公约》第十五次缔约方大会领导人峰会时指出，为推动实现碳达峰、碳中和目标，中国将陆续发布重点领域和行业碳达峰实施方案和一系列支撑保障措施，构建起碳达峰、碳中和“1＋*N*”政策体系。2021 年 10 月 24 日，《关于完整准确全面贯彻新发展理念做好碳达峰碳中和工作的意见》（以下简称《意见》）正式印发，是对碳达峰、碳中和工作进行的系统谋划和总体部署，是“1＋*N*”中的“1”。《意见》提出 10 方面 31 项重点任务，在能源电力领域，提出要加快构建清洁低碳安全高效能源体系，强化能源消费强度和总量双控，大幅提升能源利用效率，严格控制化石能源消费，积极发展非化石能源，深化能源体制机制改革。

2021 年 10 月 28 日，国务院印发《2030 年前碳达峰行动方案》，是碳达峰阶段的总体部署，是“*N*”中为首的政策文件。方案提出“碳达峰十大行动”，能源绿色低碳转型是方案重点任务之一。方案首条重点任务即为能源绿色低碳转型行动，其中包括推进煤炭消费替代和转型升级、大力发展新能源、因地制宜开发水电、积极安全有序发展核电、合理调控油气消费、加快建设新型电力系统。同时方案指出要建立健全市场化机制，发挥全国碳排放权交易市场作用，逐步扩大交易行业范围；建设全国用能权交易市场，完善用能权有偿使用和交易制度，做好与能耗双控制度的衔接；统筹推进碳排放权、用能权、电力交易等市场建设，加强市场机制间的衔接与协调。

（4）推进新型电力系统建设。“双碳”目标为我国能源电力行业高质量发展提出了新要求。于 2021 年 3 月 15 日召开的中央财经委员会第九次会议首次提出，要构建以新能源为主体的新型电力系统；2022 年 1 月，中华人民共和国国家发展和改革委员会（以下简称发改委）、中华人民共和国国家能源局（以下简称能源局）印发《“十四五”现代能源体系规划》，提出要加快新型电力系统建设，推动能源生产消费方式绿色低碳变革，加快构建清洁低碳、安全高效的能源体系；国务院《2030 年前碳达峰行动方案》中同步指出：构建新能源占比逐渐提高的新型电力系统，推动清洁电力资源大范围优化配置。

加快构建新型电力系统，对全面提升电力系统灵活调节能力、促进新能源对化石能源的有效替代等提出全新要求。国家层面陆续发布《关于进一步完善抽水蓄能价格形成机制的意见》（发改价格〔2021〕633 号）、《关于加快推动新型储能发展的指导意见》（发改能源规〔2021〕1051 号）、《关于鼓励可再生能源发电企业自建或购买调峰能力增加并网规模的通知》（发改运行〔2021〕1138 号）、《关于开展全国煤电机组改造升级的通知》（发改运行〔2021〕1519 号）、《关于促进新时代新能源高质量发展的实施方案》等系列政策文件，为更好发挥新能源保供增供作用、推动电源结构转型优化提出方向性指引。

（5）全力保障能源安全。目前全球性能源危机持续蔓延，能源供需版图深刻变革，国内电力供需形势持续偏紧，并受到较多不确定因素影响，在此背景下，国家将能源安全问题上升到前所未有的高度。2021 年以来，习近平总书记多次对能源工作做出重要部署，为做好能源供应保障提供了根本遵循：2021 年 10 月，习近平总书记在视察山东胜利油田时强调“能源的饭碗必须端在自己手里”；2022 年开春，习近平总书记在视察山西时再度指出，“夯实国内能源生产基础，保障煤炭供应安全”。在 2022 年中央政府工作报告中，将“稳字当头、稳中求进”总发展基调下的“能源安全”上升至与“粮食安全”同等重要的战略高度，并将其列入“着力稳定宏观经济大盘”任务之中，凸显出能源作为经济社会发展原动力的重要地位。

2021 年下半年以来，国家能源局认真贯彻落实党中央、国务院关于做好能源保供工作的各项决策部署，全力做好能源保供工作，有序推进能源投资，加快重大项目建设，对稳定经济发挥了重要作用。在 2022 年全国能源工作会议上，国家能源局将“全力保障能源安全”作为其七大重点任务之首，提出要继续发挥煤炭的“压舱石”作用，有效发挥煤电基础性调节性作用，扎实提升电力安全保供能力；2022 年 5 月，国务院发布《关于印发扎实稳住经济一揽子政策措施的通知》，进一步明确提出在确保安全清洁高效利用的前提下有序释放煤炭优质产能、抓紧推动实施一批能源项目、提高煤炭储备能力和水平、加强原油等能源资源储备能力。

1.1.2 电力供需形势

（1）电力消费。2021 年，受经济整体回暖、外贸出口拉动等因素影响，以及新冠肺炎疫情导致用电量增速低基数效应，电力消费增速大幅回升。全国全社会用电量约为 8.33 万亿 kWh，同比增长 10.4%，增速比 2020 年提高 7.1%，全社会用电情况如图 1-1 所示。

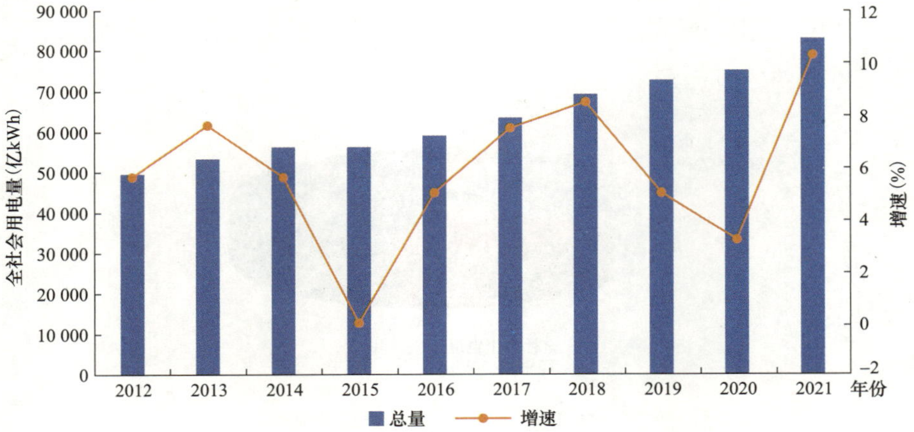

图 1-1 2012—2021 年全社会用电情况

数据来源：中国电力企业联合会

分行业看，2021 年度三次产业及居民生活用电增速依次为 16.4%、9.1%、17.8%以及 7.3%。第一产业用电增速较快主要受乡村振兴战略、农网改造升级、农村用电条件持续改善、第一产业电气化水平逐步提升等多重因素拉动，用电量占比为1.2%，对全社会用电量增长的贡献率约为2.0%。第二产业用电量占比为67.5%，对全社会用电量增长的贡献率约为61.3%，与此同时，第二产业用电量增速低于全社会用电量增速，且同比增速呈现逐季回落态势，其中受国家遏制的“两高”项目盲目发展、进一步加大“能耗双控”力度等影响，三、四季度回落较大；第三产业用电量两年平均增速已基本恢复至疫情前水平，用电占比为17.1%，对全社会用电量增长贡献率回升至26.7%。居民生活用电保持较快增长，用电占比14.1%，对全社会用电量增长贡献率下降至10%。

分区域看，我国东部、中部、西部以及东北地区全社会用电量增速分别为11.0%、11.5%、9.4%和6.2%。其中广东、广西、贵州、云南、海南等南方五省区全社会用电量约为14 389.3亿kWh，同比去年增长11.3%。全国共有19个省份用电量同比增速超过10%，31个省份两年平均增速均为正增长；其中西藏、青海、湖北用电量同比增速分别为22.6%、15.6%和15.3%，位居全国前列；在电量规模方面，广东、山东、江苏全社会用电量均超过7000亿kWh。我国分区域全社会用电结构及增速情况如图1-2所示。

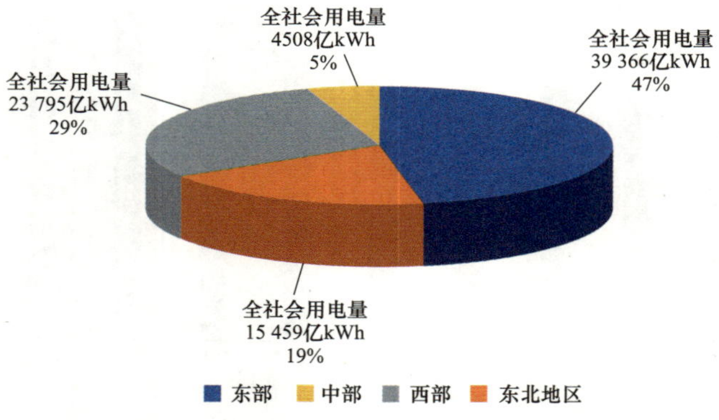

图1-2　2021年我国分区域全社会用电结构及增速情况[1]

[1] 地区划分：东部：北京、天津、河北、辽宁、上海、江苏、浙江、福建、山东、广东、广西、海南、重庆、大连、宁波、厦门、青岛、深圳（18个省、区、市）；西部：四川、贵州、云南、西藏、陕西、甘肃、青海、宁夏、新疆（9个省、区）；中部：山西、内蒙古、吉林、黑龙江、安徽，江西、河南、湖北、湖南（9个省、区）；东北地区：辽宁、吉林、黑龙江（东北三省）。

(2) 电源建设。截至2021年底，全国全口径发电装机容量约为23.8亿kW，较2020年增加约1.7亿kW，同比增长7.8%，同比去年涨幅收缩1.7%。其中火电装机容量约为13.0亿kW，同比增长3.8%，其中煤电装机约11.1亿kW，占装机容量的46.7%，占比持续降低；风电、光伏发电装机容量持续保持增长态势，合计装机容量达到6.4亿kW，占总装机容量的26.7%；其中风电装机同比增长16.7%，增速较2020年回落18%；光伏发电装机同比增长20.9%，增速较2020年回落3.2%。

2021年，全国全口径发电量同比增长10.1%，达到约8.40万亿kWh，增速比上年提高约6.0%。其中我国非化石能源发电量约为2.90万亿kWh，同比增长12.1%，约占全国总发电量的34.5%，占比较上年提高0.6%，发电结构持续优化。分发电类型看，火电发电量约为5.7万亿kWh，同比增长9.4%；受到汛期主要流域降水偏少等因素影响，水电发电量1.3万亿kWh，同比下降1.1%；核电发电量约0.4万亿kWh，同比增长11.3%；风电、光伏发电保持快速增长，发电量分别达到0.66万亿kWh、0.33万亿kWh，同比分别增长40.6%、25.2%，分别约占全国发电量的7.8%、3.9%。

全国及重点省份新能源消纳能力整体向好，局部地区仍存在消纳压力[1]。2021年，全国风电平均利用率96.9%，同比提升0.4%，弃风电量约206.1亿kWh；其中湖南、甘肃、新疆、山东等地风电利用率同比显著提升，风电利用率分别达到99.0%、95.9%、92.7%、98.5%，同比上升4.5%、2.3%、3.0%、1.7%；2021年全国光伏平均利用率98.0%，与上年基本持平，弃光电量约67.8亿kWh；其中新疆、西藏、山西等地光伏消纳水平显著提升，分别达到98.3%、80.2%、99.1%，光伏利用率同比上升2.9%、5.6%、2.1%；青海省弃风、弃光率出现一定程度回升，风电、光伏平均利用率下降6.0%、5.7%。2012—2021年我国发电量情况如图1-3所示，2012—2021年我国发电装机情况如图1-4所示。

---

[1] 数据来源：国家能源局《2021年度全国可再生能源电力发展监测评价报告》

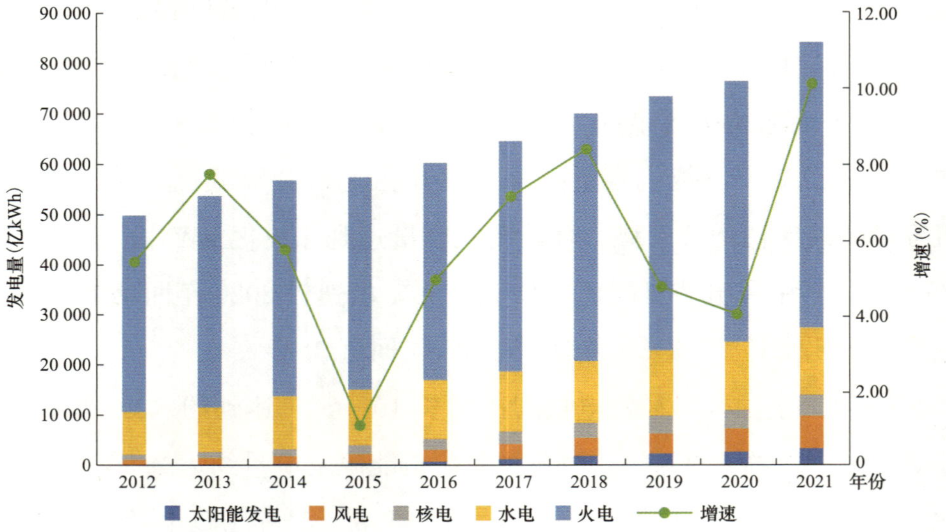

图 1-3　2012—2021 年我国发电量情况

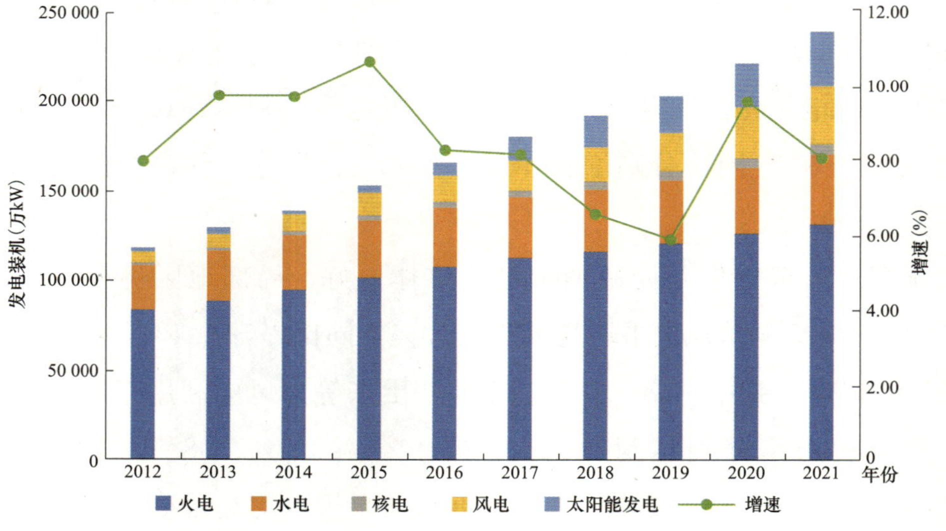

图 1-4　2012—2021 年我国发电装机情况

2021 年，全国 6000kW 及以上电厂发电设备平均利用小时数为 3817h，比上年同期增加 60h。其中，火电装机利用小时为 4448h（其中煤电 4586h，气电 2814h），同比提高 237h；受降水偏少等因素影响，水电装机利用小时较 2020 年小幅下降，为 3622h；风电装机利用小时为 2232h，同比提高 154h；光伏发电装机利用小时为 1281h，与去年基本持平。全国各类发电设备利用小时情况如图 1-5 所示。

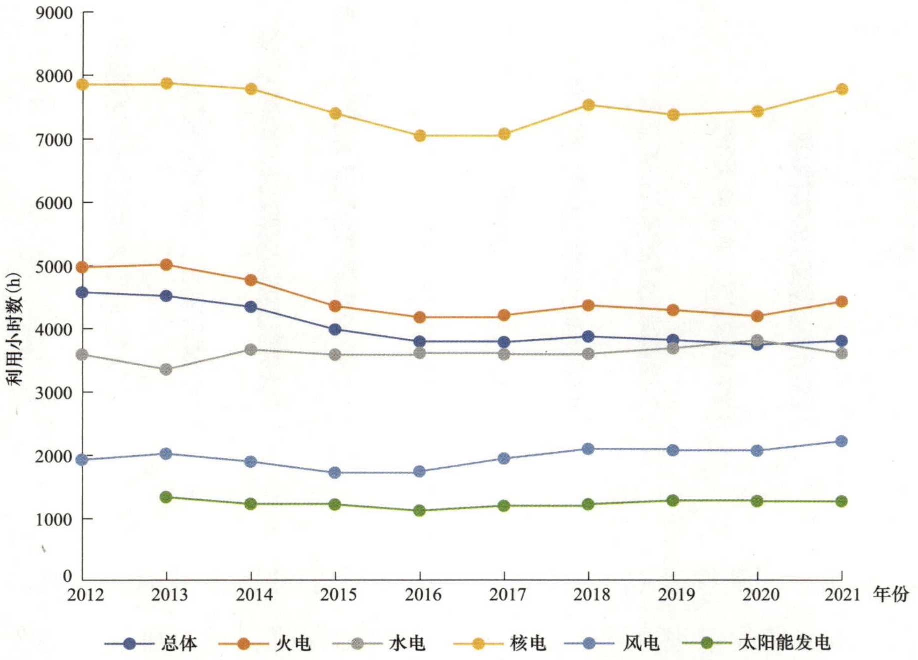

图 1-5　2012—2021 年发电设备利用小时情况

(3) 电网建设。电网投资规模略微回升，如图 1-6 所示，2021 年全国电网工程建设完成投资 4916 亿元，同比增长 0.4%[1]，电网更大范围内优化配置资源能力不断增强；截至 2021 年底，全国 220kV 及以上输电线路回路长度达 84.3 万 km，同比增长 3.8%；220kV 及以上变电设备容量累计达到 49.4 亿 kVA，同比增长 5.0%；全国跨区输电能力达到 17 215 万 kW，助力跨省跨区电量规模持续攀升，2021 年，全国完成跨区送电量 6824 亿 kWh，比上年增长 5.8%。

(4) 电力供需平衡。2021 年，全国电力供需总体偏紧。受电煤和天然气等供应偏紧、寒潮高温等极端天气、来水偏枯、入汛不及预期等多重因素影响，电力负荷增长远超预期，且电力供应能力受到一定程度制约。年初寒潮、迎峰度夏（6—8 月）以及 9—10 月，部分地区陆续出现电力供应紧张

[1] 数据来源：中国电力企业联合会《中国电力行业年度发展报告 2022》。

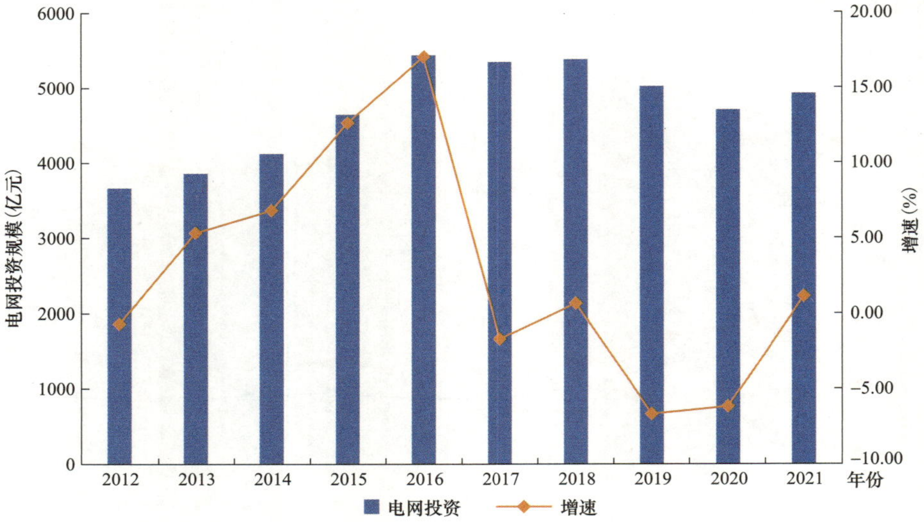

图 1-6　2012—2021 年全国电网投资金额与增速

情况，20 余省区陆续采取了有序用电措施，个别地区少数时段出现拉闸限电情况。国家高度重视并出台一系列能源电力保供措施，细化应急保供预案，压实主体责任，确保极端条件下民生和重点用能不受影响。

1.2　政策概况

1.2.1　电价改革

2021 年，我国电价市场化改革加快推进，进一步完善由市场决定电价的机制，充分发挥市场在资源配置中的决定性作用。整体来看，围绕助力“碳达峰、碳中和”目标实现，推动构建新型电力系统，国家层面密集出台系列电价改革措施，创新抽水蓄能价格机制，出台新能源平价上网政策，优化峰谷分时电价机制，全面放开燃煤发电上网电价，进一步发挥电价信号和杠杆作用，优化电力资源配置，服务绿色低碳转型发展。

（1）分环节看，一是输配电价改革持续深化，各省级电网输配电价进入第二轮监管周期；修订跨省跨区专项工程输电价格定价办法，提出跨省跨区专项工程输电价格实行单一电量电价制。二是发用环节的市场化价格形成机制更加完善，有序放开全部燃煤发电电量上网电价，通过市场交易在“基准价＋上下浮动”范围内形成上网电价，并进一步扩大市场交易电价上下浮动范围，推动工商业用户全部进入市场，取消工商业目录销售电价。出台新能源平价上网政策，明确 2021 年起对新备案集中式光伏电站、工商业分布式光伏项目和新核准陆上风电项目，中央财政不再补贴，实行平价上网。进一步完善分时电价机制，因地制宜完善峰谷电价机制，科学划分峰谷时段，合理确定峰谷电价价差；建立尖峰电价机制，健全季节性电价机制。完善抽水蓄能价格形成机制，以竞争性方式形成电量电价，将容量电价纳入输配电价回收。研究建立电网侧储能价格机制，建立电网侧独立储能电站容量电价机制，逐步推动储能电站参与市场，并探索将电网替代型储能设施成本收益纳入输配电价回收。

（2）重点政策。2021 年以来，电价改革政策不断调整完善。发电价格环节，国家发改委印发《关于进一步深化燃煤发电上网电价市场化改革的通知》，推动建立“能涨能跌”的市场化电价机制；输配电价环节，国家发改委完成了《跨省跨区专项工程输电价格定价办法》的修订工作，明确了电价形式，并建立事前核定、定期校核的价格机制；用电价格环节，国家层面出台《关于进一步完善分时电价机制的通知》，从优化峰谷电价、建立尖峰电价、健全季节性电价与丰枯电价、明确机制执行范围、建立动态调整机制、加强与电力市场衔接六方面对现行分时电价机制做了进一步完善。2021 年以来我国电价改革重点政策如表 1-1 所示。

表 1-1　2021 年以来我国电价改革重点政策一览（截至 2022 年 6 月）

时间	政策文件
2021.5	《“十四五”时期深化价格机制改革行动方案》
2021.5	《关于进一步完善抽水蓄能价格形成机制的意见》
2021.6	《关于 2021 年新能源上网电价政策有关事项的通知》
2021.6	《关于落实好 2021 年新能源上网电价政策有关事项的函》
2021.7	《关于进一步完善分时电价机制的通知》

续表

时间	政策文件
2021.8	《关于完善电解铝行业阶梯电价政策的通知》
2021.10	《跨省跨区专项工程输电价格定价办法》
2021.10	《关于进一步深化燃煤发电上网电价市场化改革的通知》
2021.10	《关于组织开展电网企业代理购电工作有关事项的通知》
2021.11	《关于今冬明春对天然气发电机组顶峰发电实施阶段性上网电价支持政策的函》
2022.3	《关于开展抽水蓄能定价成本监审工作的通知》

2021年5月，国家发改委出台《“十四五”时期深化价格机制改革行动方案》，明确了“十四五”时期深化价格机制改革的总体目标，坚持服务经济社会发展大局，聚焦当前价格工作面临的突出矛盾和问题，对“十四五”时期价格机制改革重点任务做出部署。方案明确，持续深化电价改革，进一步完善省级电网、区域电网、跨省跨区专项工程、增量配电网价格形成机制，加快理顺输配电价结构；持续深化燃煤发电、燃气发电、水电、核电等上网电价市场化改革，完善风电、光伏发电、抽水蓄能价格形成机制，建立新型储能价格机制；平稳推进销售电价改革，有序推动经营性电力用户进入电力市场，完善居民阶梯电价制度。

2021年5月，国家发改委《关于进一步完善抽水蓄能价格形成机制的意见》，明确了坚持以两部制电价政策为主体，进一步完善抽水蓄能价格形成机制。同时指出，以竞争性方式形成电量电价，将容量电价纳入输配电价回收，同时强化与电力市场建设发展的衔接，逐步推动抽水蓄能电站进入市场；着力提升电价形成机制的科学性、操作性和有效性，充分发挥电价信号作用，调动各方面积极性，为抽水蓄能电站加快发展、充分发挥综合效益创造更加有利的条件。

2021年6月，国家发改委印发《关于2021年新能源上网电价政策有关事项的通知》，明确提出，2021年起，对新备案集中式光伏电站、工商业分布式光伏项目和新核准陆上风电项目，中央财政不再补贴，实行平价上网；2021年新建项目上网电价，按当地燃煤发电基准价执行，新建项目可自愿通过参与市场化交易形成上网电价，以更好体现光伏发电、风电的绿色电力价值；2021 年起，新核准（备案）海上风电项目、光热发电项目上网电价由当地省级价格主管部门制定，具备条件的可通过竞争性配置方式形成。

2021 年 7 月，国家发改委印发《关于进一步完善分时电价机制的通知》，主要从如下六方面对现行分时电价机制做了进一步完善：一是优化峰谷电价机制，系统峰谷差率超过 40％的地方，峰谷电价价差原则上不低于 4：1；其他地方原则上不低于 3：1；二是建立尖峰电价机制，尖峰电价在峰段电价基础上上浮比例原则上不低于 20％；三是建立健全季节性和丰枯电价机制；四是明确分时电价机制执行范围，将分时电价机制执行范围扩大到执行工商业电价的电力用户；五是建立动态调整机制；六是加强与电力市场的衔接。电力中长期市场交易合同未申报用电曲线或未形成分时价格的，结算时购电价格应按目录分时电价机制规定的峰谷时段及浮动比例执行。

2021 年 10 月，国家发改委印发《跨省跨区专项工程输电价格定价办法》，主要从如下七个方面对定价办法做了完善：一是建立事前核定、定期校核的价格机制；二是增加成本监审相关内容；三是明确专项工程范围及电价形式，跨省跨区专项工程范围为以送电功能为主的跨区域电网工程，和送受端相对明确、潮流方向相对固定的区域内跨省输电工程，输电价格实行单一电量电价形式；四是强化输电价格监管，明确经营期定价法及经营公式，收紧参数标准；五是提升输电价格灵活性，提出送受端明确、潮流方向相对固定且基本一致的多条专项工程，可采用“打捆”定价方式，参与跨省跨区可再生能源增量现货交易的，按最优路径价格执行；六是强化细化激励措施；七是明确定期校核机制和经营期满后定价原则。

2021 年 10 月，国家发改委印发《关于进一步深化燃煤发电上网电价市场化改革的通知》，在明确改革总体思路的基础上，提出四项改革内容：一是有序放开全部燃煤发电电量上网电价。燃煤发电电量原则上全部进入电力市场，通过市场交易在“基准价＋上下浮动”范围内形成上网电价，现行燃煤发电基准价继续作为新能源发电等价格形成的挂钩基准。二是扩大市场交易电价上下浮动范围。将燃煤发电市场交易价格浮动范围扩大为上下浮动原则上均不超过20%，高耗能企业市场交易电价、电力现货价格不受上述幅度限制。三是推动工商业用户都进入市场。有序推动工商业用户全部进入电力市场，按照市场价格购电，取消工商业目录销售电价，对暂未直接从电力市场购电的用户由电网企业代理购电，已参与市场交易、改为电网企业代理购电的用户，其价格按电网企业代理其他用户购电价格的1.5倍执行。四是保持居民、农业用电价格稳定。居民、农业用电由电网企业保障供应，执行现行目录销售电价政策，优先将低价电源用于保障居民、农业用电。

1.2.2 电力市场建设

（1）总体情况。2021年，随着“碳达峰、碳中和”目标的提出，我国电力市场化改革进程明显加快。交易机构方面，区域电力交易中心和省级电力交易中心进一步独立规范运行，研究推动适时组建全国电力交易中心，建立依法规范、权责分明的公司法人治理体系和运营机制，建立健全市场管理委员会运营机制，完善议事协调和监督机制。市场交易方面，市场注册主体数量和交易规模进一步扩大，市场在资源优化配置中的决定性作用得以进一步发挥。中长期交易落实“六签”要求，市场运行整体平稳，与现货、辅助服务市场良好衔接；省间电力交易体系初步建立，对进一步健全电力市场体系起到重要支撑；第二批现货试点稳步推进，南方区域电力市场建设大步提速，南方（以广东起步）现货市场进入连续结算试运行；新版“两个细则”正式印发，推动辅助服务市场运营规则持续优化，南方区域电力市场试运行正式启动，全国统一电力市场体系率先在南方区域落地，全国统一电力市场体系建设提速。

（2）重点政策。电力市场建设纵深发展，相关政策主要聚焦在电力市场体系、电力市场功能等方面。电力市场体系建设方面，国家发改委、国家能源局印发《加快建设全国统一电力市场体系的指导意见》，明确了今后一个时期电力市场建设的目标和重点任务，为我国电力行业开启新局面、推进全国统一电力市场体系建设提供了根本遵循；电力市场功能完善方面，国家层面完成了《电力辅助服务管理办法》等文件的修订，并印发了《关于加快推进电力现货市场建设工作的通知》等系列市场建设政策文件。2021 年以来我国电力市场建设重点政策如表 1 - 2 所示。

表 1 - 2　2021 年以来我国电力市场建设重点政策一览（截至 2022 年 6 月）

时间	政　策　文　件
2021.4	《关于进一步做好电力现货市场建设试点工作的通知》
2021.9	《电网公平开放监管办法》
2021.9	《北京电力交易中心跨区跨省电力中长期实施细则》
2021.11	《售电公司管理办法》
2021.11	《省间电力现货交易规则（试行）》
2021.11	《2021 年南方区域跨区跨省月内定期周交易实施方案（试行）》
2021.11	《供电企业信息公开实施办法》
2021.11	《关于强化市场监管　有效发挥市场机制作用　促进今冬明春电力供应保障的通知》
2021.12	《南方（以广东起步）电力现货市场实施方案》
2021.12	《电力辅助服务管理办法》
2022.1	《关于加快建设全国统一电力市场体系的指导意见》
2022.1	《南方区域跨区跨省电力中长期交易规则》
2022.2	《关于加快推进电力现货市场建设工作的通知》
2022.3	《中国南方区域电力市场工作方案》
2022.6	《关于进一步推动新型储能参与电力市场和调度运用的通知》
2022.6	《南方区域电力辅助服务管理实施细则》

1）市场体系。2022 年 1 月，国家发改委、国家能源局印发《关于加快建设全国统一电力市场体系的指导意见》（以下简称《意见》），明确了全国统一电力市场体系的总体要求和分阶段目标。《意见》全文共 7 章 26 条，主要内容包括健全多层次统一电力市场体系、完善统一电力市场体系的功能、健全统一电力市场体系的交易机制、加强电力统筹规划和科学监管、构建适应新型电力系统的市场机制。

2021 年 11 月，国家电网公司按照国家发改委、国家能源局《关于国家电网有限公司省间电力现货交易规则的复函》要求，正式印发《省间电力现货交易规则（试行）》。省间现货交易主要是指在落实省间中长期交易基础上，利用省间通道剩余输电能力，开展省间日前、日内电能量交易。省间现货交易为物理交易，引入“交易节点”概念，省间交易网络由交易节点、跨省区交直流输电通道和省内重要输电通道共同组成。任意一对卖方、买方节点间可选择多条路径开展交易，优先选择节点间输电价格（含网损折价）最低的交易路径开展交易。

2022 年 3 月，南方电网公司、国家能源局南方监管局联合发布《中国南方区域电力市场工作方案》，该方案明确，2025 年以前，结合国家“十四五”规划要求，在南方五省（区）范围内建成涵盖优先计划、中长期市场化交易、现货交易和辅助服务交易的南方区域电力市场，结合市场发展实施容量补偿并适时探索容量市场等交易机制，充分发挥市场在资源配置中的决定性作用，更好地发挥政府作用，推动西电东送可持续发展、服务南方五省（区）经济社会高质量发展。

2）市场功能。2021 年 9 月，北京电力交易中心印发《北京电力交易中心跨区跨省电力中长期交易实施细则》，该实施细则共分 18 个章节，包括市场成员、交易品种及组织方式、价格机制、合同管理、安全校核与交易执行、计量与结算、责任偏差结算等内容，注重发挥市场在促进电力资源利用跨区跨省输电通道更大范围优化配置方面的作用，在落实国家能源战略的基础上，提升中长期交易的省间余缺互济能力，以市场化方式促进电力保障供应。2022 年年初，广州电力交易中心完成《南方区域跨区跨省电力中长期交易规则》《南方区域跨区跨省电力中长期交易结算实施细则》等文件修编，经市场管委会审议通过和国家能源局复函批准，南方区域跨省跨区中长期交易体系和市场规则得以进一步完善。

2021 年 4 月，国家发改委、国家能源局印发的《关于进一步做好电力现货市场建设试点工作的通知》将现货试点范围扩大，第二批电力现货试点包括上海、江苏、安徽、辽宁、河南、湖北六省市，现货市场建设进一步提速；2022 年 2 月，国家发改委、国家能源局印发《关于加快推进电力现货市场建设工作的通知》，明确提出支持具备条件的现货试点不间断运行，尽快形成长期稳定运行的现货市场；加快推动用户侧全面参与现货交易，加快推动各类型具备条件的电源参与现货市场，统筹电力中长期交易与现货交易、辅助服务交易与现货交易，做好省间市场与省内市现货市场的有效衔接，有序推动新能源参与市场交易，加强对电力市场化交易的履约监管。

2021 年 12 月，国家能源局印发新版"两个细则"，即《电力辅助服务管理办法》和《电力并网运行管理规定》，新版文件扩大了电力辅助服务主体范围，增加了电力辅助服务新品种，完善了辅助服务分担共享新机制，健全了更加灵活的市场化价格竞争机制。2022 年 6 月，国家能源局南方监管局正式印发《南方区域电力辅助服务管理实施细则》，细则共 8 章 85 项条款，按照"谁提供、谁获利；谁受益、谁承担"的原则，结合南方区域电网运行需求和特性，对有偿辅助服务的补偿和分摊机制进行了补充和修订。

1.2.3　清洁低碳发展

（1）总体情况。在"双碳"目标指引下，《关于完整准确全面贯彻新发展理念　做好碳达峰碳中和工作的意见》《2030 年前碳达峰行动方案》渐次落地，正式启动了构建碳达峰碳中和"1+N"政策体系的进程。"双碳"目标顶层设计的出台，将有力促进我国能源结构优化升级，培育形成绿色发展新动能，加速推进能源电力清洁低碳转型进程。2021 年以来，围绕促进风电、光伏发电等行业健康有序发展，国家相继出台系列政策与相关配套措施，多措并举推动新能源实现高质量发展。

（2）重点政策。推动能源电力绿色低碳发展是我国电力市场化改革的重要目标之一，2021 年以来，《关于加快建立健全绿色低碳循环发展经济体系的指导意见》《绿色电力交易试点工作方案》等文件相继发布，在绿色转型中充分发挥市场的导向型作用，持续推动建立健全可再生能源（电力）超额消纳量交易、绿色电力交易、碳排放权交易等市场机制，为绿色发展注入强大动力。2021年以来清洁低碳发展重点政策见表1-3。

表1-3 2021年以来清洁低碳发展重点政策一览（截至2022年6月）

时间	政策文件
2021年1月	《北京电力交易中心可再生能源电力超额消纳量交易规则（试行）》
2021年2月	《关于加快建立健全绿色低碳循环发展经济体系的指导意见》
2021年3月	《南方区域可再生能源电力消纳量交易规则（试行）》
2021年2月	《关于推进电力源网荷储一体化和多能互补发展的指导意见》
2021年5月	《2021年可再生能源电力消纳责任权重及有关事项的通知》
2021年5月	《关于2021年风电、光伏发电开发建设有关事项的通知》
2021年6月	《关于报送整县（市、区）屋顶分布式光伏开发试点方案的通知》
2021年7月	《关于加快推动新型储能发展的指导意见》
2021年9月	《绿色电力交易试点工作方案》
2021年10月	《关于做好全国碳排放权交易市场第一个履约周期碳排放配额清缴工作的通知》
2021年11月	《企业环境信息依法披露管理办法》
2021年12月	《关于印发能源领域深化“放管服”改革优化营商环境实施意见的通知》
2022年1月	《促进绿色消费实施方案》
2022年1月	《关于完善能源绿色低碳转型体制机制和政策措施的意见》
2022年2月	《南方区域绿色电力交易规则（试行）》
2022年3月	《“十四五”新型储能发展实施方案》
2022年3月	《关于进一步推进电能替代的指导意见》
2022年3月	《“十四五”现代能源体系规划》
2022年5月	《北京电力交易中心绿色电力交易实施细则》
2022年5月	《关于促进新时代新能源高质量发展的实施方案》
2022年6月	《“十四五”可再生能源发展规划》
2022年6月	《关于进一步推动新型储能参与电力市场和调度运用的通知》

2021年2月，国务院印发《关于加快建立健全绿色低碳循环发展经济体系的指导意见》，对生产体系、流通体系、消费体系的绿色转型做出了全面部署，明确提出健全排污权、用能权、用水权、碳排放权等绿色交易市场机制，在绿色转型中充分发挥市场的导向型作用。

2021年1月，北京电力交易中心发布《北京电力交易中心可再生能源电力超额消纳量交易规则（试行）》，宣布试行开展省间超额消纳量交易；

超额消纳量交易标的为超额消纳凭证，每 1MWh 超额消纳量生成 1 个可再生能源电力超额消纳凭证；同时绿证交易结果也用于计算消纳责任权重完成情况，1 个绿证等同 1MWh 非水电消纳量，参与消纳责任权重计算，但不能在超额消纳量市场中交易。同年 3 月，《南方区域可再生能源电力消纳量交易规则（试行）》发布，南方区域内可再生能源电力消纳量交易启动，市场主体为完成消纳责任权重考核需要的，可通过交易方式购买消纳量凭证或绿证进行补充替代，消纳量凭证不能跨年度计入责任权重；1 个绿证可替代 1 个非水消纳量凭证，可计入同一考核年度消纳责任权重，但不能作为消纳量交易标的。

2021 年 5 月，国家能源局发布《关于 2021 年风电、光伏发电开发建设有关事项的通知》，提出“确保 2025 年非化石能源消费占一次能源消费的比重达到 20%”的目标要求，并提出建立消纳责任权重引导机制、并网多元保障机制、保障性并网竞争性配置机制三大机制。同年 6 月，国家能源局印发《关于报送整县（市、区）屋顶分布式光伏开发试点方案的通知》，加大对屋顶光伏的政策支持，包括明确试点地区屋顶分布式光伏由电网企业保障消纳，鼓励试点地区积极组织屋顶光伏开展分布式发电市场化交易等。

2021 年 7 月，国家发改委、国家能源局印发《关于加快推动新型储能发展的指导意见》，意见指出，要明确新型储能独立市场主体地位，加快推动储能进入并允许同时参与各类电力市场，鼓励储能作为独立市场主体参与辅助服务市场，鼓励探索建设共享储能；健全新型储能价格机制，建立电网侧独立储能电站容量电价机制，逐步推动储能电站参与电力市场，研究探索将电网替代性储能设施成本收益纳入输配电价回收，完善峰谷电价政策，为用户侧储能发展创造更大空间。随后，国家层面持续不断出台支持新型储能发展的政策。2022 年 3 月，国家发改委、国家能源局印发《“十四五”新型储能发展实施方案》，进一步要求加快推进电力市场体系建设，明确新型储能独立市场主体地位，营造良好市场环境。研究建立新型储能价格机制，研究合理的成本分摊和疏导机制。创新拓展新型储能商业模式，探索共享储能、云储能、储能聚合等商业模式应用。2022 年 6 月，《关于进一步推动新型储能参与电力市场和调度运用的通知》发布，文件提到新型储能可作为独立储能参与电力市场；鼓励新能源场站和配建储能联合参与电力市场；加快推动独立储能参与市场配合电网调峰，独立储能电站向电网送电的，其相应充电电量不承担输配电价和政府性基金及附加；充分发挥独立储能技术优势提供辅助服务，由相关发电侧并网主体、电力用户合理分摊；坚持以市场化方式为主优化储能调度运行；适度拉大峰谷价差，为用户侧储能发展创造空间；建立电网侧储能价格机制，探索将电网替代型储能设施成本收益纳入输配电价回收等内容。

2021 年 9 月，国家发改委、国家能源局正式批复《绿色电力交易试点工作方案》。决定在现有的中长期框架下，设立独立的绿电交易品种，为绿电单独开辟交易市场，为绿电的环境属性单独定价，引导有绿电需求的用户直接与发电企业开展交易。2022 年 2 月和 5 月，北京、广州两大电力交易中心分别印发《南方区域绿色电力交易规则（试行）》《北京电力交易中心绿色电力交易实施细则》，进一步细化了交易执行、计量、结算等绿色电力交易的市场运作具体方式。

2021 年 10 月，中华人民共和国生态环境部（以下简称生态环境部）印发《关于做好全国碳排放权交易市场第一个履约周期碳排放配额清缴工作的通知》，启动全国碳市场第一个履约周期重点排放单位碳排放配额的清缴工作。包括确认对应区域发电行业重点排放单位 2019－2020 年度配额核定及清缴配额量，督促发电行业重点排放单位尽早完成全国碳市场第一个履约周期配额清缴，组织有意愿使用国家核证自愿减排量（CCER）抵销碳排放配额清缴的重点排放单位尽快完成 CCER 购买并申请 CCER 注销等工作。

2022 年 6 月，国家发改委、国家能源局、生态环境部等部门联合印发《“十四五”可再生能源发展规划》（以下简称《规划》），《规划》强调，要市场化发展可再生能源，包括健全可再生能源电力消纳保障机制，强化消纳责任权重引导，加强消纳责任权重评价考核等；完善可再生能源市场化发展机制，完善可再生能源价格形成和补偿机制，构建可再生能源参与市场交易机制等；建立健全绿色能源消费机制，完善绿色电力证书机制，建立绿色能源消费评价、认证与标识体系等。

第 2 章

电力市场成员情况

创新引领 智力共享

2021 年，电力市场主体数量持续大规模增长，整体增速创近两年新高。截至 2021 年底，全国各电力交易中心累计注册市场主体 46.7 万家，较 2020 年增长 20 余万家，数量较 2020 年增长约 76.0%；其中，发电企业突破 3 万家，售电公司约 5000 家，电力用户超过 40 万家，市场主体注册情况如图 2-1 所示。

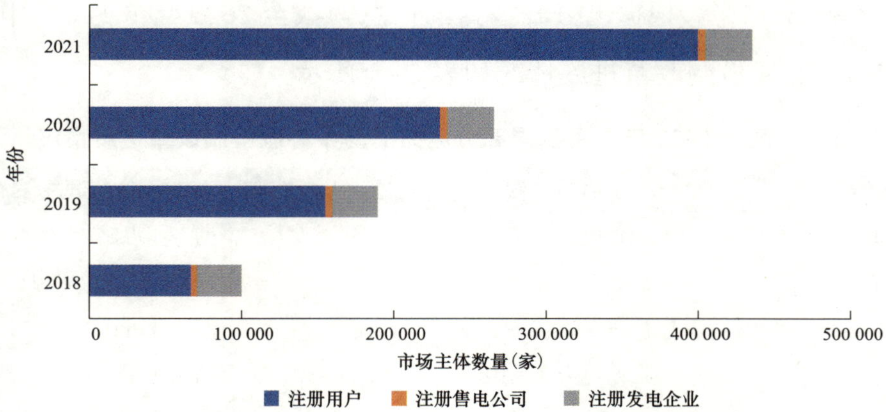

图 2-1　2018—2021 年我国电力市场主体注册情况

2.1　交易机构

2.1.1　发展现状

2021 年 12 月，国务院办公厅印发《要素市场化配置综合改革试点总体方案》，要求按照股权多元化原则，加快电力交易机构部分制改造，推动电力交易机构独立规范运行，实现电力交易组织与调度规范化。2022 年 1 月，在《加快建设全国统一电力市场体系的指导意见》中进一步明确，研究推动适时组建全国电力交易中心，成立相应的市场管理委员会，推动探索组建电力交易中心联营体，建立完善的协同运行机制。

2021 年，全国各地区电力交易机构持续推进股份制改造，推进机构运行进一步规范。北京电力交易中心持续强化“三会一层”法人治理体系建设，建立健全规范制度硬约束，促进股东会、董事会、党总支、经理层各司其职、协调运转；南方区域电力交易机构协同融合进一步加强，广州电力交易中心与广东、广西、贵州、海南电力交易中心实现交叉持股。截至2022年6月，全国32家电力交易机构完成了股份制改造，包括国家电网经营区域内26家，南方电网经营区域内6家。其中南方电网公司持有各交易机构股权均不超过45%。根据已公开披露的信息，截至2022年6月，我国部分电力交易中心股份制改革进展情况如表2-1所示。

表2-1　截至2022年6月我国部分电力交易中心股份制改革进展情况

序号	名　称	股份制改革进展
1	北京电力交易中心	电网企业占比70.00%
2	广州电力交易中心	电网企业占比39.00%
3	广东电力交易中心	电网企业占比39.00%
4	广西电力交易中心	电网企业占比37.356 0%
5	昆明电力交易中心	电网企业占比44.00%
6	贵州电力交易中心	电网企业占比39.00%
7	海南电力交易中心	电网企业占比37.00%
8	首都电力交易中心	电网企业占比70.00%
9	天津电力交易中心	电网企业占比40.00%
10	山东电力交易中心	电网企业占比41.00%
11	上海电力交易中心	电网企业占比43.00%
12	福建电力交易中心	电网企业占比40.00%
13	湖北电力交易中心	电网企业占比41.176 5%
14	辽宁电力交易中心	电网企业占比40.00%
15	吉林电力交易中心	电网企业占比45.00%
16	甘肃电力交易中心	电网企业占比44.00%
17	青海电力交易中心	电网企业占比45.00%
18	重庆电力交易中心	电网企业占比39.00%
19	西藏电力交易中心	电网企业占比46.00%
20	冀北电力交易中心	电网企业占比40.999 4%
21	河北电力交易中心	电网企业占比41.000 4%
22	江苏电力交易中心	电网企业占比43.00%

续表

序号	名　称	股份制改革进展
23	浙江电力交易中心	电网企业占比 40.00%
24	湖南电力交易中心	电网企业占比 41.00%
25	河南电力交易中心	电网企业占比 43.00%
26	黑龙江电力交易中心	电网企业占比 40.00%
27	蒙东电力交易中心	电网企业占比 41.205 0%
28	宁夏电力交易中心	电网企业占比 45.00%
29	新疆电力交易中心	电网企业占比 43.00%
30	江西电力交易中心	电网企业占比 40.00%
31	山西电力交易中心	电网企业占比 47.00%
32	陕西电力交易中心	电网企业占比 41.00%
33	安徽电力交易中心	电网企业占比 44.80%
34	四川电力交易中心	电网企业占比 40.00%

2.1.2 发展趋势

（1）与市场建设相适应的全国统一电力交易组织体系将逐步形成。随着市场化改革进一步深化，将进一步推动全国统一电力交易组织体系建设，未来或将形成国家－区域－省级的电力交易组织体系。不同层级电力交易机构将进一步密切配合，推动市场体系、主体注册、品种衔接、平台建设、数据共享等方面协同发展，促进电力资源在更大范围优化配置。

（2）电力交易机构运行更加规范。预计未来电力交易机构职能界面将更加清晰，人财物运营管理更加规范，市场管委会职能作用进一步得到发挥，市场信息披露、风险合规管理等业务流程更加完善，交易机构规范运作水平持续提升。

2.2 发电企业

2.2.1 发展现状

2021 年，各类电源发电计划进一步放开。一方面，各地区贯彻落实国家发改委《关于进一步深化燃煤发电上网电价市场化改革的通知》政策要求，推动全部燃煤机组全面进入市场；另一方面，部分省区持续放开各类电源发电计划，将燃气、核电、新能源等发电主体逐步纳入市场竞争。

截至2021年底，全国在各电力交易中心完成注册的发电企业逾3万家，其中，国网区域累计注册发电企业约3万家，南网区域累计注册发电企业747家，蒙西电网区域累计注册发电企业400余家。全国范围注册的发电企业数量按电网经营区域构成情况如图2-2所示。

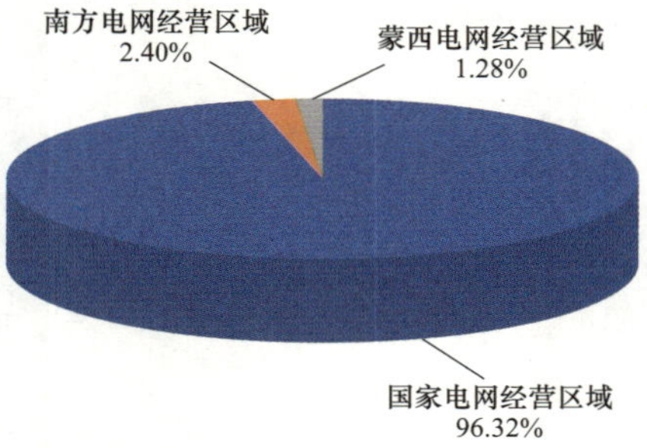

图2-2　2021年注册发电企业数量按电网经营区域构成情况

2.2.2　发展趋势

（1）新能源发电主体加快进入市场，电源结构持续优化。在“碳达峰、碳中和”目标驱动下，新型电力系统建设步伐不断加快，推动电源结构加速持续向绿色低碳转型。随着新能源并网比例的不断提高，新能源发电企业将加速成为电力市场化交易的重要主体，交易机制、运行模式、配套机制等或将出现重大调整，市场机制对高比例新能源发电主体的适应性未来将进一步得到提升，发电侧市场化竞争格局或将呈现新特征。

（2）燃煤发电企业参与市场交易的品种逐步丰富，市场组合优化效益逐步体现。新型电力系统建设背景下，伴随新能源的大规模发展，煤电机组等常规电源由原来的主力电源逐步向调节电源转变，并从以供应电能量为主获取收益的运营模式转向提供灵活性、调节性服务的运营模式；此外，在“双碳”目标下，燃煤发电行业将进一步开展节能降耗改造、供热改造、灵活性改造等，降低机组发电能耗，提高灵活性和调节能力，提高清洁高效水平，全面推动煤电机组节能提效升级。

（3）提供灵活性调节资源的主体参与市场化交易进程进一步加快等。随着能源结构持续调整、非化石能源发电比重持续提升，对可再生能源的高效消纳和高比例利用提出了更高要求。预计未来抽水蓄能、新型储能、可调负荷资源等新兴主体得以快速发展，或将逐步以独立市场主体、聚合商、虚拟电厂等多种形式参与电力市场化交易和系统运行调节，充分发挥灵活调节优势，与传统电源、新能源机组实现高效互动。

2.3 售电公司

2.3.1 发展现状

随着售电市场快速发展，售电公司的数量、盈利能力、专业程度呈现稳中有升态势。近年来电价改革的不断深化，为售电公司提供了更广阔的市场前景，在迎来新机遇的同时，售电公司将面临更加严格的监管环境，同时也需应对商业模式、持续经营能力、风险管理能力等方面的新挑战。2021年11月，国家发改委、国家能源局印发《售电公司管理办法》，用以替代已经执行了5年的《售电公司准入与退出管理办法》。在新版管理办法中，分别对发电企业、电力建设企业等公司所属售电公司和电网企业所属售电公司提出更加针对性的注册要求；此外国家层面也更加注重对售电公司的动态管理和风险管理，启动保底售电服务，用以与电网企业代理购电机制有效衔接。

截至2021年底，全国各地交易机构注册售电公司累计达到近5000家，相较2020年增长约700家，同比增长约15%，增长速度相较去年有所回升。其中国家电网经营区域累计注册售电公司约4000家，南方电网经营区域累计注册售电公司920家，蒙西电网经营区域累计注册售电公司约140家。全国范围注册的售电公司数量按电网经营区域构成情况如图2-3所示。

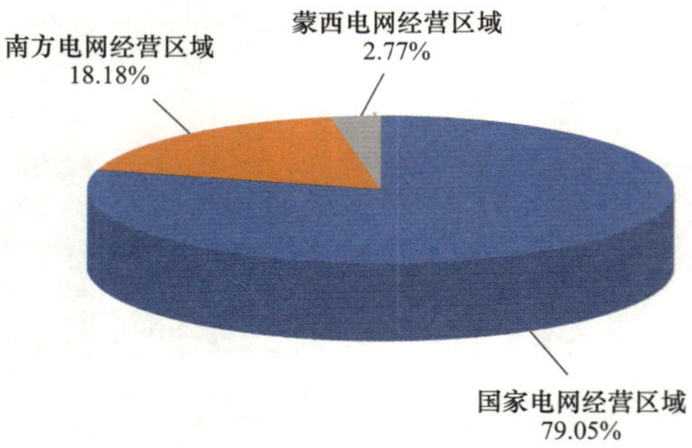

图 2-3　2021 年注册售电公司数量按电网经营区域构成情况

受市场环境、行业政策调整、供需形势等因素的影响，注册售电公司中仍存在相当部分暂未参与市场交易，但相较于 2020 年度，开展交易的售电公司在数量规模和所占比例上总体有所改善。以南方区域为例，2021 年度参与市场化交易的售电公司数量突破 370 家，同比增长 15%；分省来看，云南售电公司参与市场化交易比重相对较高，广东、广西、贵州、海南参与市场化交易售电公司占注册售电公司的比例也普遍在 35%以上，基本位于 35%～50%。

2.3.2　发展趋势

（1）售电公司业务运营管理进一步规范。随着新的售电公司管理办法印发，对于售电公司的准入标准和条件等要求更加明确和具体，售电公司从“加强监管”向“常态监管”转变，全面推动售电公司进一步提升业务运营精细化、管理规范化水平，强化专业力量和风险管控能力，提高运营管理效率，促使售电公司从盈利渠道相对单一、受市场价格影响较大的粗放式发展转向服务对象广阔、盈利渠道多元的高质量发展。

（2）售电环节市场化程度进一步提升，多元竞争市场格局驱动售电主体业务优化升级。随着售电侧市场化改革的持续深化，更多社会资本将参与售电业务，在电能采购和交易方面的自主性和灵活性进一步提升；在日趋复杂的市场环境和竞争强度持续提升的市场形势下，促使售电公司需要积极应对价格波动等市场风险，制定科学有效的市场经营方案，推动风险管控能力全面提升。

(3)“双碳”目标推动售电公司商业模式持续创新。在“碳达峰、碳中和”目标下，终端用户对用电用能的管理需求呈现多目标特征，对绿色电力消费、节能降耗、低碳减排的需求日益迫切，为售电公司推动开展商业模式创新，实施综合能源管理、负荷集成等增值服务提供有利条件；随着企业用户的多元化、个性化、场景化需求被不断激发，也驱动售电公司持续提升能源管理、负荷预测、交易策略等多项业务综合能力，以持续优化售电业务、做强增值服务等实现健康可持续发展。

2.4 电力用户

2.4.1 发展现状

2021年以来，国家发改委相继印发《关于进一步深化燃煤发电上网电价市场化改革的通知》《关于组织开展电网企业代理购电工作有关事项的通知》系列文件，要求目前尚未进入市场的用户，10kV及以上的用户要全部进入，其他用户也要尽快进入。在全面放开用户进入市场、目录销售电价相应取消的政策引导下，电力用户参与市场化交易规模进一步扩大。

截至2021年底，全国各电力交易机构注册的电力用户累计逾40万家，同比增长约87%。其中，国家电网经营区域累计注册电力用户约33.2万家，南方电网经营区域累计注册电力用户约9.8万家，蒙西电网经营区域累计注册电力用户超过2000家，全国范围注册的电力用户数量按电网经营区域构成情况如图2-4所示。

随着市场配置资源的作用进一步发挥，电力用户积极参与市场交易，实际开展交易的电力用户数量持续增长，整体市场参与度良好。以南方五省区为例，2021年实际参与电力市场交易的用户约8.1万户，同比2020年数量规模增长约41%；参与交易的用户数量约占注册电力用户总数的84%，占比相较 2020 年有轻微回落。

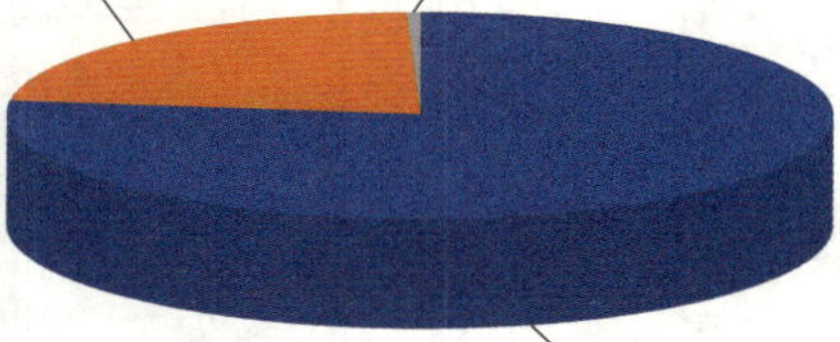

图 2-4　2021 年注册电力用户数量按电网经营区域构成情况

2.4.2　发展趋势

（1）“双碳”目标驱动绿色电力消费需求持续增长，电力消费结构持续优化。在碳达峰、碳中和背景下，电力需求和消费理念日益多元化、个性化、低碳化。伴随着绿色电力消费促进措施相继出台、全国绿色电力交易试点的正式启动，全社会绿色电力消费的潜力将进一步激发，用户在市场中需综合考虑电能量商品的环境成本与效益，绿色电力消费占终端居民用电量比重或将有所提升。

（2）用户侧灵活性资源的调节价值进一步凸显。随着电力系统中新能源占比逐渐提高，为充分促进新能源消纳，保障系统运行安全，深入挖掘需求侧响应潜力、提高负荷侧对新能源的调节能力、全面提升电力系统灵活性的需求日益迫切，预计未来用户侧可调负荷资源、储能、分布式能源、新能源汽车等新型市场主体将参与电力市场，配套市场化交易机制也将逐步建立，用户侧灵活调节能力得以进一步激发和释放。

（3）用能模式从“源随荷动”向“源荷互动”、电热冷气多元融合模式转变。在推进新型电力系统建设中，用户侧电力消费与发电侧供给的交互联系更加密切，一方面，随着新能源装机占比不断提高，新能源发电出力波动对供需平衡的影响进一步凸显；另一方面，伴随着分布式电源、储能、虚拟电厂的逐步推广，负荷特性亦更加复杂。为满足用户多样化用能需求，提升能源综合利用效率，预计传统“源随荷动”、各能源品种独立供应的低能效模式将逐步向“源荷互动”、多能源互补融合与协同优化的高能效模式转变，以电能为核心的高效互动能源消费体系将逐步建立，电动汽车、储能、综合能源服务等商业模式不断涌现，多能源协同优化和综合梯级利用水平预计进一步提升。

第 3 章

电力市场运营情况

创新引领

智力共享

3.1 电力批发市场

3.1.1 总体情况

2021年，伴随着国内经济持续恢复，电力市场建设也稳步推进，市场机制进一步丰富完善，电力交易范围和交易规模持续扩大，电力交易品种不断创新，市场化改革红利持续释放。

市场化交易规模持续扩大。2021年，全国各电力交易中心累计组织市场交易电量37 787.4亿kWh，同比增长19.3%；其中省内交易电量（中长期）约30 760.3亿kWh，同比增长18.0%，占全国各电力交易中心组织完成市场交易电量的81.4%；省间交易电量（中长期和现货）合计为7027.1亿kWh，同比增长25.8%。南方区域电力市场建设取得积极进展与显著成效，2021年南方五省区电力直接交易电量规模约为5740.3亿kWh，中长期交易电量占全社会用电量比重达到约40%。

电力市场体系进一步优化。加快建设全国统一电力市场体系，进一步打破跨省跨区交易壁垒；持续完善市场功能，中长期交易落实“六签”，启动绿色电力交易，积极服务“双碳”目标和新型电力系统建设；现货市场建设试点加速发展，第一批8个现货试点均投入结算试运行，第二批现货试点建设稳步推进；新版“两个细则”正式出台，辅助服务交易品种持续创新，市场规则体系不断完善。

电价改革持续纵深，电力市场化改革红利持续释放。深化燃煤发电上网电价市场化改革，建立健全“能跌能涨”的市场化电价形成机制，更好发挥市场机制在优化电力资源配置和促进上下游产业协同发展中的作用，更好促进电力供应安全可靠经济。

3.1.2 交易电量

2021年，全国各电力交易中心累计组织完成市场化交易电量37 787.4亿kWh，同比增长19.3%，占据全社会用电量比重达到45.5%，同比提高

3.3%。其中全国电力市场中长期电力直接交易电量 30 404.6 亿 kWh，同比增长 22.8%，占据全社会用电量比重达到 36.6%，同比提高 3.6%。全国范围内市场化交易电能规模及占社会用电量比重情况如图 3－1 所示。

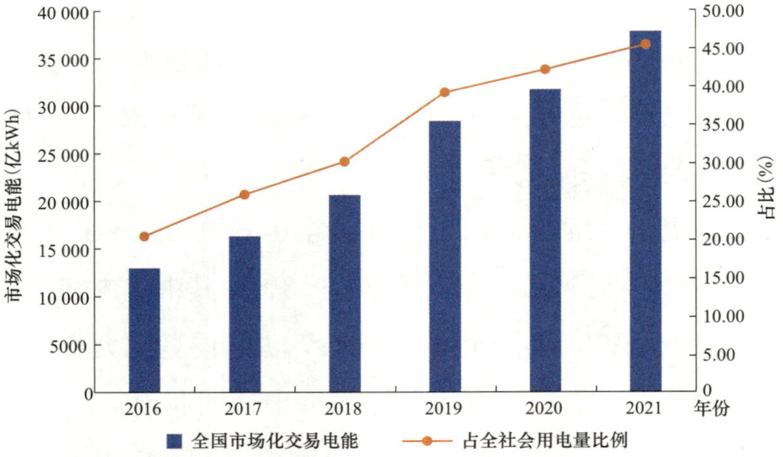

图 3－1　2016—2021 年全国范围内市场化交易电能规模及占社会用电量比重

分季度看，2021 年开年以来全国疫情防控形势整体趋稳，国民经济从疫情影响中逐步恢复，整体呈现稳中加固、稳中向好特征，生产需求扩大，市场活力提升，市场化交易电量持续保持增长态势，市场化电量占比持续保持稳定增长。2021 年各季度市场交易电量分别为 7530.3 亿 kWh、9492.8 亿 kWh、10 068.7 亿 kWh 和 10 695.6 亿 kWh，占全社会用电量的比重分别为 39.2%、47.2%、45.1%和 49.8%。全国范围内分季度市场化交易电量和全社会用电量占比情况如图 3－2 所示。

分经营区域来看，国家电网经营区域、南方电网经营区域和蒙西电网经营区域市场化交易电量分别占全国市场化交易总电量的 77.2%、17.7%和 5.1%。从市场化电量占全社会用电量比重来看，各经营区域占比均较上年有不同程度的提升。其中，国家电网经营区域市场化水平为 44.5%，同比提高 4.1%；南方电网经营区域市场化水平为 46.6%，同比提高 0.9%；蒙西电网经营区域市场化水平最高，约为 61%，同比提高 0.3%。全国范围内电力市场化交易规模结构和市场化电量占全社会用电量比重如图 3－3（a）、

图3-3（b）所示。

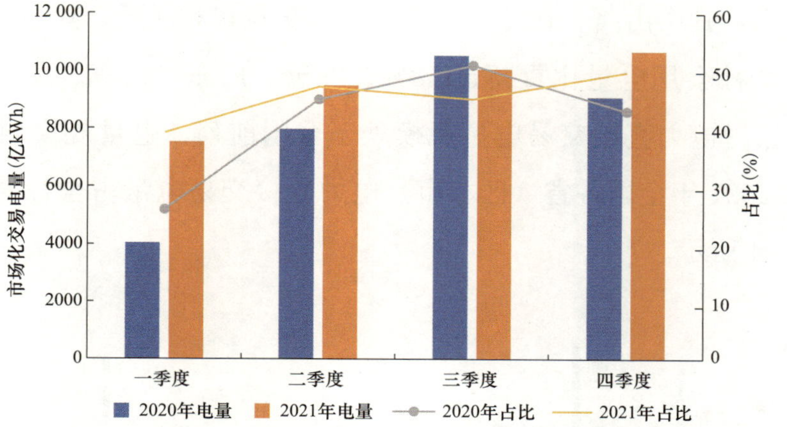

图3-2　2021年分季度市场化交易电量和全社会用电量占比情况

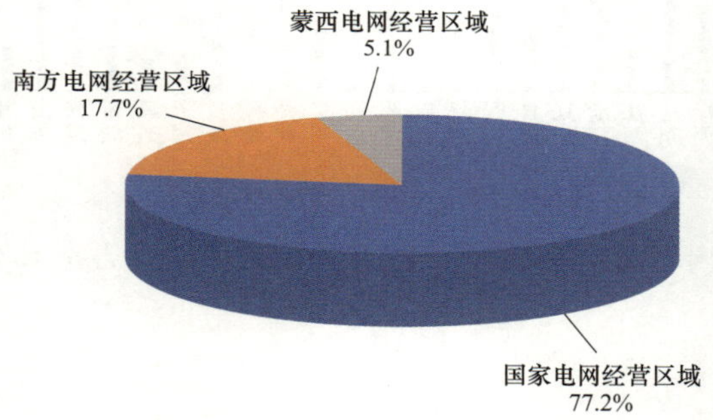

（a）

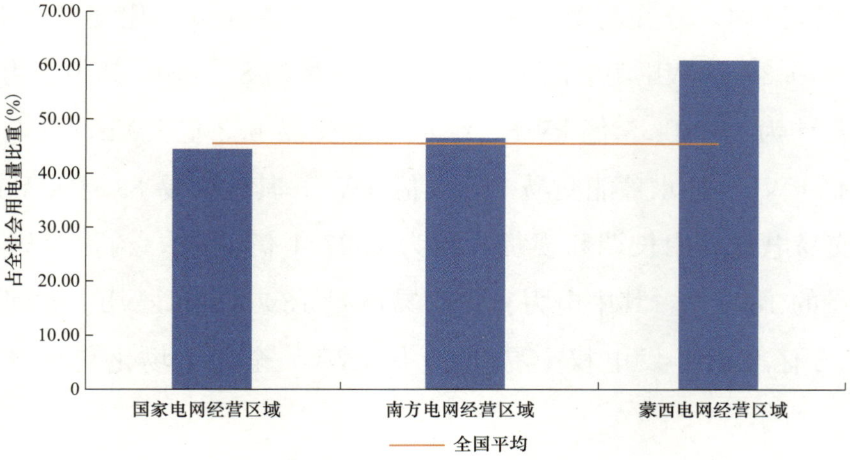

（b）

图3-3　全国范围内电力市场化交易规模结构、市场化电量占全社会用电量比重

（a）全国电力市场化交易规模结构；（b）市场化电量占全社会用电量比重

分省来看，全国共有16个省（区、市）电力直接交易电量占比超过全国平均水平，其中山西、青海、云南的电力交易相对活跃，其中长期电力直接交易占全社会用电量比重超过50%。江苏、广东、山东、蒙西、山西等省（区、市）电力直接交易电量规模处于全国前列，电量规模均超过1500亿kWh。2021年全国各省（区、市）电力直接交易电量占全社会用电量比重如图3-4所示。

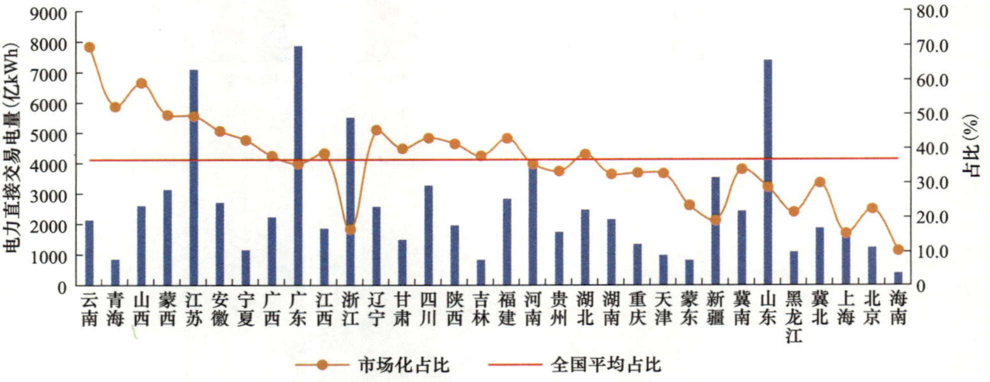

图3-4　2021年全国各省（区、市）电力直接交易电量占全社会用电量比重

3.1.3　市场结构

全国范围内，分交易类别看，2021年全年省内市场化交易（中长期）约为30 760.3亿kWh，占全国市场化交易电量的81.4%。其中电力直接交易电量合计为28 514.5亿kWh，绿色电力交易6.3亿kWh，发电权交易2038.8亿kWh，抽水蓄能交易117.6亿kWh，其他交易83亿kWh；省间市场化交易电量（中长期和现货）约为7027.1亿kWh，约占全国市场化交易电量的18.6%，其中电力直接交易电量1890.1亿kWh、省间外送交易5037.5亿kWh、发电权交易99.5亿kWh。全国市场化交易电量结构如图3-5所示。

分经营区域来看，对于省间和省内两种交易方式，国家电网经营区域省间市场化交易占比相较去年基本持平，约占国家电网经营区域市场化交易电量的22%；南方电网经营区域省间交易电量占市场化交易电量的10%，同比2021年上升3个百分点；蒙西电网区域市场化交易电量均为省内交易电量。国家电网经营区域、南方电网经营区域、蒙西电网经营区域的省间、省内市场化交易电量结构如图3-6所示。

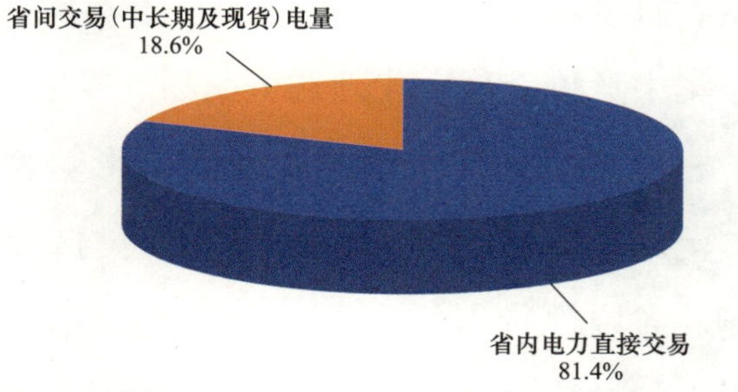

图3-5 2021年全国市场化交易电量结构

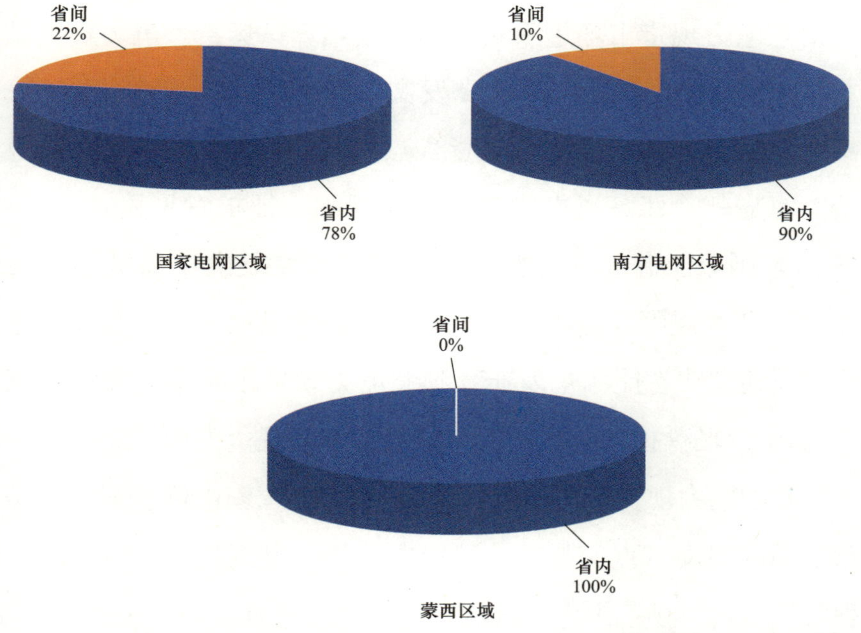

图3-6 2021年不同电网经营区域省间、省内市场化交易电量结构

3.1.4 交易体系

（1）中长期市场。目前全国范围省间、省内中长期市场已较为完善并呈现常态化运行态势。《北京电力交易中心跨区跨省电力中长期交易实施细则》经多轮修订后于2021年9月正式印发，成为落实《电力中长期交易基本规

则》的操作细则，为市场主体参与跨区跨省电力中长期交易提供依据；印发《北京电力交易中心绿色电力交易实施细则》，启动绿色电力交易并积极推动其常态化开展。南方区域中长期市场日趋成熟，形成了全时序、多品种的交易体系：覆盖年度、月度（季度）、月内（周）等不同时间尺度，包括双边交易、挂牌交易、集中竞价交易、代理购电交易、发电权转让交易、用电权交易等交易品种；根据电力供应及清洁能源消纳形势积极开展省间余缺调剂、需求侧响应、消纳量交易、绿色电力交易或可再生能源交易等。

（2）现货市场。省内现货市场方面，2021 年，第一批 8 个现货试点均完成至少 1 个月以上的结算试运行，其中甘肃、山东、山西启动连续结算试运行；2021 年 11 月 1 日，南方（以广东起步）电力现货市场进入连续结算试运行，山东电力现货市场进入长周期连续结算试运行。电力现货试点第二批稳步推进，2021 年 4 月，两部委发文，宣布上海、江苏、安徽、辽宁、河南、湖北六省市为第二批电力现货试点，2021 年 11 月，国家能源局江苏监管办公室率先就《江苏省电力现货交易规则（征求意见稿）》征求意见，2022 年 6 月，国家能源局东北监管局、辽宁省发展改革委员会就《辽宁省电力市场运营基本规则及六项配套规则（征求意见稿）》向各市场主体开展征求意见；同期湖北省能源局发布《湖北电力现货市场第一次模拟试运行工作方案》，启动市场模拟试运行和模拟结算。省间现货方面，2021 年，国家电网印发了《省间电力现货交易规则（试行）》，在国家电网公司和内蒙古电力公司经营范围内启动试点交易，放开售电公司、电网代购、电力用户参与省间电力现货交易，市场范围由跨区域省间扩大到所有省间。2022 年 3 月，《中国南方区域电力市场工作方案》正式印发，加快推进南方区域电力现货市场规则编制及试运行工作。

（3）辅助服务市场。全国六大区域电网、30 个省级电网（除西藏外）均已建立电力辅助服务市场，实现了区域和省级辅助服务市场全面覆盖，辅助服务由补偿机制向市场机制全面转型升级。2021 年，辅助服务市场建设速度加快，运营规则持续完善。2021 年 12 月，国家能源局印发新版“两个细则”，即《电力辅助服务管理办法》《电力并网运行管理规定》，对电力辅助服务主体、交易品种、补偿以及分摊机制做了补充深化；跨省跨区电力辅助服务机制陆续出台，《新型主体参与华中电力调峰辅助服务市场规则（试行）》《川渝一体化电力调峰辅助服务市场运营规则（试行）》相继发布。南方五省区已基本建成以“区域调频＋省级调峰”为主的电力辅助服务市场体系，2021年6月，贵州调峰辅助服务市场进入正式运行阶段，并与同月启动调频辅助服务市场结算试运行，实现调频市场在南方区域全覆盖；2021年7月，中国南方区域调频辅助服务市场进入结算试运行阶段，成为全国首个实际结算的区域调频辅助服务市场。

2021年，全国范围辅助服务市场参与主体超过7000家，其中发电企业6900余家，电力用户近百家，新兴辅助服务提供主体约40家，用户侧可调节负荷参与辅助服务市场规模约1200万kW，电储能设施参与辅助服务市场规模约150万kW。2021年，应对用电峰谷差持续扩大、区域性时段性电力供需偏紧等情况，电力辅助服务发挥积极作用，通过辅助服务市场挖掘系统调峰能力9000万kW，增发清洁能源电量800亿kWh。

3.2 电力零售市场

3.2.1 总体情况

2021年，随着《关于进一步深化燃煤发电上网电价市场化改革》《关于组织电网企业代理购电工作有关事项的通知》《售电公司管理办法》等一系列售电业务市场化改革文件的出台，售电市场活力进一步被激发，售电公司迎来全新发展机遇。截至2021年底，全国各电力交易机构注册售电公司累计超过5000家，其中国家电网经营区售电公司约4000家，南方电网经营区售电公司920家，随着发用电计划的放开，参与零售交易的电力用户预计呈现持续增长态势。考虑到我国有近5000万户的工商业用户，一次性全部进入市场比较困难，为确保电价改革政策平稳实施，国家层面研究制定了电网企业代理购电机制，预计近期在暂未进入市场、短期内不具备直接参与市场化交易的工商业用户中，部分主体仍选择暂时交由电网企业代理购电。

3.2.2 交易电量

2021年，在发用电计划全面放开、燃煤发电价格上涨、绿色电力试点交易启动、碳达峰碳中和“1+N”政策体系、新型电力系统建设等形势下，售电公司业务持续转型优化，零售交易电量稳中有增。以南方区域为例，售电公司2021年交易电量超过5000亿kWh，相较2020年电量规模增长20%以上；约占南方区域全社会用电量的35%，分省区看，各省区受市场规模、市场建设进程等因素影响，零售市场发展呈现一定差异。南方区域售电公司代理电量主要集中在广东，约占南方区域的54%左右；其余比例依次是云南、广西、贵州，分别占22%、15%、8%（见图3-7）。从增速看，2021年南方区域各省区售电公司交易电量均保持较快的增长速度，其中增长较快的是贵州、云南，约增长30%左右，其次广东增长约19%，广西增长18%（见图3-8）。

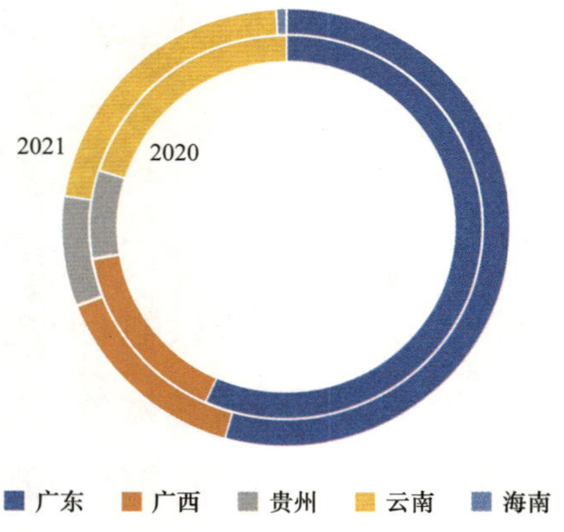

图3-7　2020—2021年南方区域售电公司电量分布❶

电力市场用户可综合考虑交易成本、市场成熟度、政策环境等综合因

❶ 海南近似取市场化交易电量数据。

素，自主选择参与电力市场化交易的具体方式。一方面，电力用户可以通过委托独立售电公司（或电网公司）代理交易；另一方面，用户可以选择直接参与电力批发市场竞争。从近年发展情况看，用户委托售电公司代理的意愿总体较强。以南方区域为例，南方区域售电公司 2021 年代理电量约占省内电力批发市场交易电量的 89%，零售侧交易电量比例较 2020 年提高约 3%。分省区看，各省区电力零售电量占批发市场交易电量比例差异较大。2021 年，广东电力市场用户基本通过委托售电公司代理电力交易业务，电力零售电量占批发市场交易电量比例接近 100%。广西、贵州电力零售电量占批发市场交易电量的比例同比去年总体有所上升，分别占比 92%、69%；云南电力零售电量占批发市场交易电量相较于 2021 年有所回落，约占比 76%（见图 3-9）。

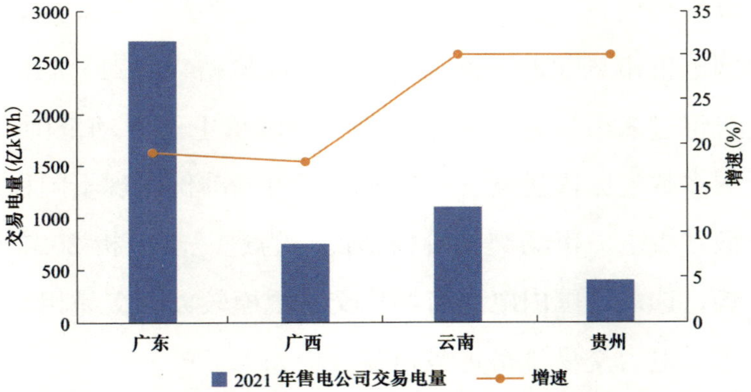

图 3-8　2021 年南方各省区电力零售市场交易电量及增速（除海南）

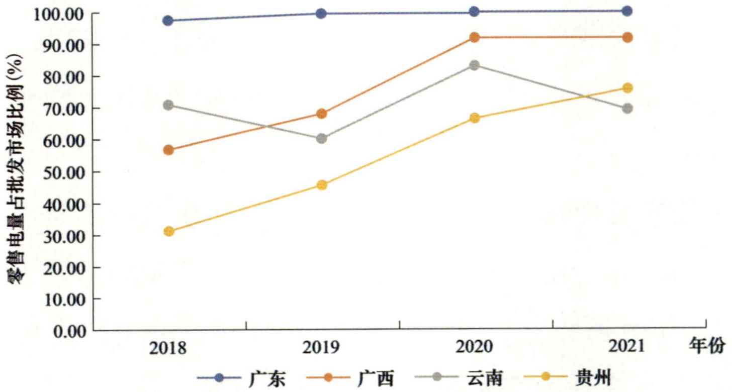

图 3-9　2017—2021 年南方各省区电力零售交易电量占市场化交易电量比重（除海南）

3.3 电力价格

3.3.1 电力市场交易价格情况

（1）全国电力市场交易价格情况。2021年，全国电力市场化交易价格走势特征相较往年呈现较大的趋势性变化。延续“十三五”期间阶段性降低电力价格的政策导向，年度交易等中长期交易价格水平保持低位平稳运行态势；2021年下半年以来，受经济持续恢复、电力需求快速增长、国际大宗商品和原材料价格持续上行等因素影响，部分地区月度等中短期电力市场化交易价格陆续出现回升；2021年10月，国家发改委印发《关于进一步深化燃煤发电上网电价市场化改革的通知》（发改价格〔2021〕1439号文），全面放开煤电机组进入市场并扩大市场化交易电价上下浮动范围，2021年11月以来，全国多数省区市场交易价格相比煤电基准价出现不同程度的上浮。

（2）典型省级电力市场交易价格情况。为进一步分析2021年电力市场交易价格走势，选取了国内电力市场化交易规模较大、交易相对活跃的省级电力市场，对其电力交易价格走势跟踪分析如下。

1）广东电力市场价格。

年度双边协商交易价格。2021年，广东市场化交易电量约有73%通过年度双边协商交易完成。2021年度双边协商交易平均价差为－53.60元/千kWh（相较于燃煤发电上网电价基准价453元/千kWh，下同），同比下降6.5元/千kWh。

月度市场化交易价格。2021年1—12月，广东月度市场化交易平均价差－21.5元/千kWh，相较2020年缩小12.7元/千kWh。分月看，各月价差相较于2020年有所缩小。从2021年10月起，由于广东电力市场运行方案规则调整，允许月度交易成交价差可正可负，市场开始出现正价差。2020—2021年广东电力市场交易价差水平见图3-10。

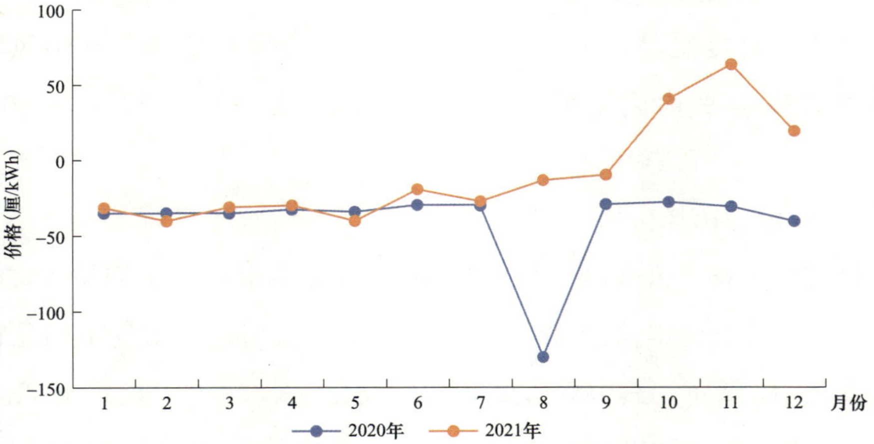

图 3-10 2020—2021 年广东电力市场交易价差水平

广东电力市场月度交易中，月度集中竞争交易共组织 12 次，平均价差- 20.7 元/千 kWh；月度双边协商交易共组织 6 次，平均价差- 29.8 元/千 kWh；月度挂牌交易共组织 6 次，平均价差- 12.1 元/千 kWh。

发电合同转让交易价格。2021 年 1—12 月，广东共组织 12 次发电合同转让交易，成交均价 405.4 元/千 kWh，同比 2020 年上升 41.0%。各月发电合同转让交易成交价格如图 3-11 所示。总体而言，2021 年交易价格普遍高于 2020 年同期水平。

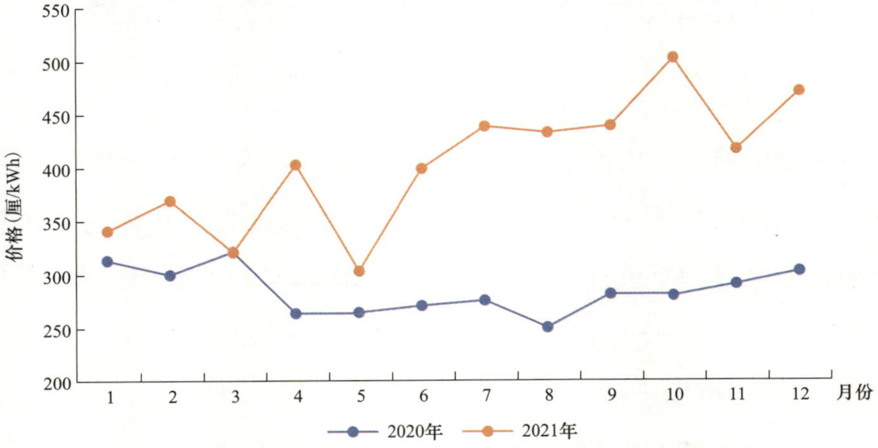

图 3-11 2020—2021 年各月发电合同转让交易成交价格水平

可再生能源电力交易价格。2021 年 6—12 月，广东共组织完成 1 次年度交易与 3 次月度交易，平均成交价差＋26.1 元/千 kWh，其中风电、光伏、生物质发电平均成交价差分别为＋25.0 元/千 kWh、＋30.0 元/千 kWh、＋30.0 元/千 kWh。

2）云南电力市场价格。

总体市场价格。云南电力交易品种较为丰富，其中双边交易成交电量比重较高，占全部交易电量的 78%。2021 年全年云南电力市场不同品种交易价格如图 3-12 所示，其中双边交易平均成交价格 0.201 66 元/kWh，集中竞价交易平均成交价格 0.209 00 元/kWh，连续挂牌交易平均成交价格 0.202 93 元/kWh，日前交易平均成交价格 0.240 26 元/kWh，自主挂牌交易平均成交价格 0.236 00 元/kWh。

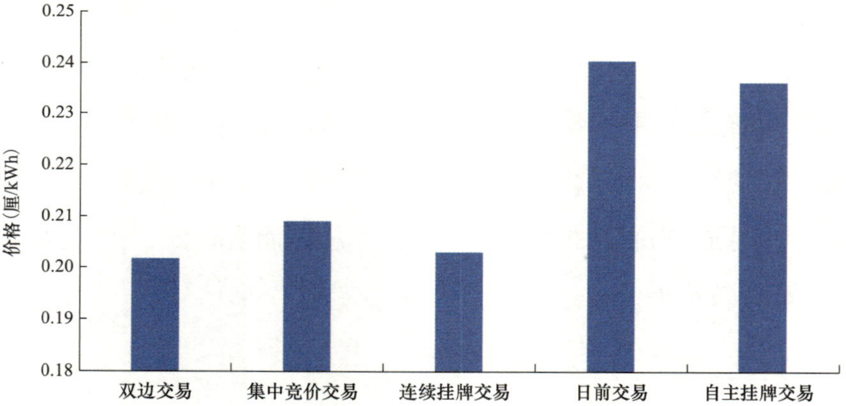

图 3-12　2021 年云南电力市场不同品种交易价格

分月市场价格。云南的电源结构以水电为主，因此全年的电力市场化价格与来水丰枯期密切相关。2021 年，各月交易电价走势总体与上年基本相同，呈现较为明显的季节波动性，且整体价格水平与 2020 年同期相比有所抬升。2020—2021 年云南电力市场各月平均交易价格如图 3-13 所示。

3）四川电力市场价格。

a. 总体市场价格。四川是水电大省，四川电力市场不同时期水电价格水平存在差异，2021 年四川电力市场水电交易均价如图 3-14 所示，平均价格为0.218元/kWh。其中，丰水期、平水期、枯水期水电交易平均价格分别为0.156元/kWh、0.243元/kWh、0.279元/kWh。

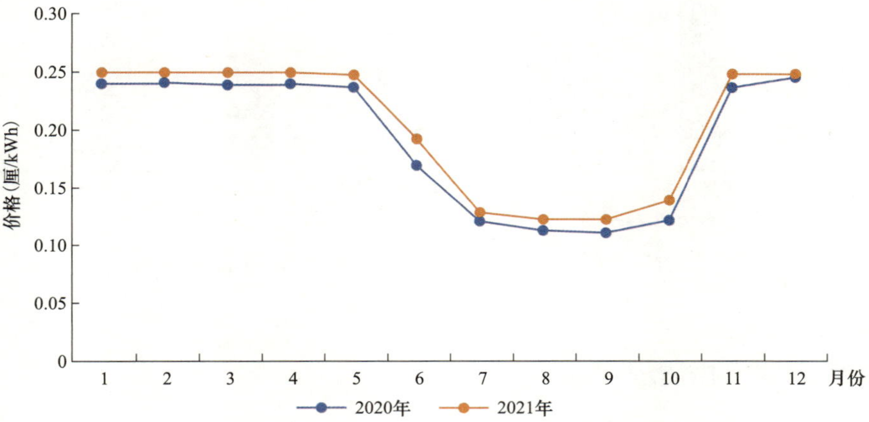

图3-13 2020—2021年云南电力市场各月平均交易价格

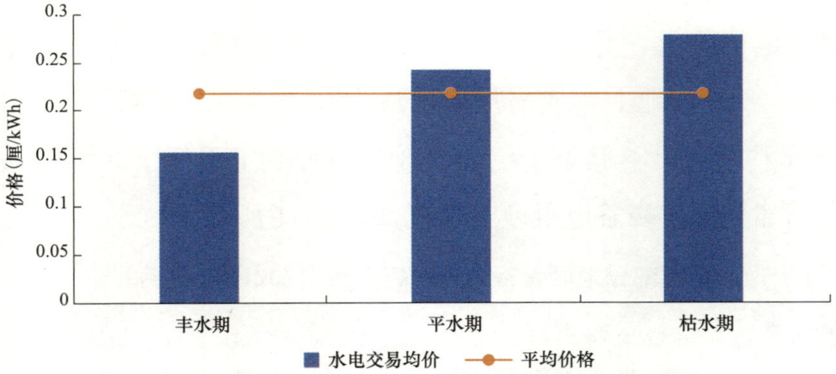

图3-14 2021年四川电力市场不同时期水电平均价格

b. 分品种市场价格。四川电力交易品种较为丰富，其中常规直购电量比重较高，2021年常规直购电量约占全部交易电量的50.3%，交易均价为0.313元/kWh，其中：水电、火电、风光交易均价分别为0.260元/kWh、0.438元/kWh以及0.401元/kWh；在四川电力市场其他品种中，计划外交易平均价格0.190元/kWh、水电消纳示范交易价格0.184元/kWh、铝电交易均价0.214元/kWh、留存电量交易价格0.171元/kWh。2021年四川电力市场不同交易品种均价如图3-15所示。

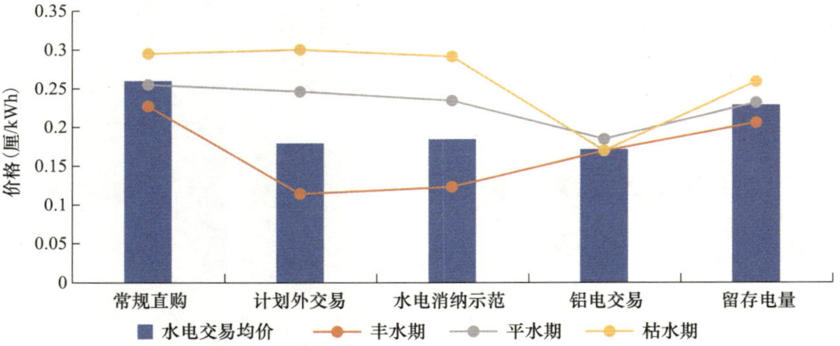

图 3-15　2021年四川电力市场部分交易品种价格

3.3.2　用户侧价格情况

（1）峰谷电价执行情况。2021年7月，国家发改委印发《关于进一步完善分时电价机制的通知》（以下简称《通知》），其中最大的亮点在于合理拉大了峰谷电价价差，为引导电力用户削峰填谷释放了清晰强烈的价格信号。《通知》要求各地上年或当年预计最大系统峰谷差率超过40%的地方，峰谷电价价差原则上不低于4∶1，其他地方原则上不低于3∶1。截至2021年底，全国部分地区峰谷电价政策情况如表3-1所示。

表3-1　全国部分地区峰谷电价执行政策（2021年12月）

地区	政　策
北京	详见《北京市发展和改革委员会〈关于调整本市销售电价有关事项的通知〉》（京发改〔2020〕1708号）
天津	高峰上浮50%、低谷下浮54%、尖峰在高峰基础上再上浮20%
河北	高峰上浮50%、低谷下浮50%、尖峰在高峰基础上再上浮20%
冀北	高峰上浮50%、低谷下浮50%、尖峰在高峰基础上再上浮20%
山西	高峰上浮50%、低谷下浮46.5%
蒙东	高峰上浮50%、低谷下浮50%、尖峰在高峰基础上再上浮20%
蒙西	（大风季）高峰上浮48%、低谷下浮21%、尖峰在高峰基础上再上浮20%；（小风季）高峰上浮46%、低谷下浮53%、尖峰在高峰基础上再上浮20%
辽宁	高峰上浮50%、低谷下浮50%、尖峰在高峰基础上再上浮25%

续表

地区	政　　策
吉林	高峰上浮50%、低谷下浮50%
黑龙江	高峰上浮50%、低谷下浮50%、尖峰在高峰基础上再上浮20%
上海	高峰、低谷电价按照公布的上下浮动比率执行
江苏	大工业用电高峰上浮71.96%、低谷下浮58.15%； 100kW及以上普通工业用电高峰上浮67.19%、低谷下浮54.82%
浙江	不同类型用户峰谷时段浮动比例不同。 以大工业（1～10kV）为例：尖峰上浮76%、高峰上浮47%、低谷下浮53%
安徽	7—9月高峰上浮65%、其他月份高峰上浮54%、低谷下浮42%
福建	高峰上浮20%、低谷下浮20%、尖峰电价不上浮
江西	高峰上浮30%、低谷下浮30%
山东	高峰上浮50%、低谷下浮50%、尖峰在高峰基础上再上浮20%
河南	高峰上浮57%、低谷下浮50%
湖北	高峰电价上浮149%、低谷电价下浮52%、尖峰电价上浮180%
湖南	高峰上浮60%、低谷下浮60%、尖峰在高峰基础上再上浮20%
广东	高峰上浮70%、低谷下浮62%
广西	高峰上浮50%、低谷下浮50%、尖峰在高峰基础上再上浮20%
海南	高峰上浮65%、低谷下浮50%
重庆	高峰上浮50%、低谷下浮50%、尖峰在高峰基础上再上浮50%
四川	高峰上浮50%、低谷下浮50%
贵州	高峰上浮50%、低谷下浮50%
云南	高峰上浮50%、低谷下浮50%
陕西	大工业：高峰上浮63%、低谷下浮63%； 工商业：高峰上浮50%、低谷下浮50%，尖峰在高峰基础上再上浮20%
甘肃	高峰上浮50%、低谷下浮50%
青海	两部制：高峰上浮63%、低谷下浮63% 单一制：高峰上浮50%、低谷下浮50%
宁夏	高峰上浮50%、低谷下浮50%
新疆[1]	高峰上浮65%、低谷下浮65%、尖峰在高峰基础上再上浮20%

[1] 2022年6月信息。

从表 3－1 中可见，部分地区的峰谷电价形成机制为在基础电价基础上、上下浮动一定比例形成峰价和谷价。湖南、天津、河北、广东、山东等地区实施尖峰电价政策，大多数省份尖峰电价上浮约为 20%，部分地区上浮约 25%。其中部分地区进一步细分了不同季节或时期，如安徽、蒙西等；也有部分地区针对不同类型的用户设定了不同的峰谷电价浮动比例，如浙江、江苏、青海等。

（2）代理购电价格。

总体情况。2021 年 10 月，国家层面相继印发《关于进一步深化燃煤发电上网电价市场化改革的通知》《关于组织开展电网企业代理购电工作有关事项的通知》两项文件，对推动工商业用户进入市场，对电网企业代理用户购电工作提出明确要求。考虑到与峰谷电价政策的衔接，代理购电用户基本设有峰谷分时电价，各地区对于电网企业代理购电的用户，其价格水平由基础电价和峰谷电价政策要求的浮动比例共同确定。

截至 2021 年底，全国范围内共有超过 20 个省市执行峰谷电价表，全国范围内部分地区尖峰时段电价情况（以大工业和 1～10kV 工商业用户为例）如图 3－16 所示。其中广东（珠三角五市）、深圳（深汕）、湖南、浙江、北京（城区）为大工业用户价格；辽宁、河北、冀北、安徽、山东为工商业（单一

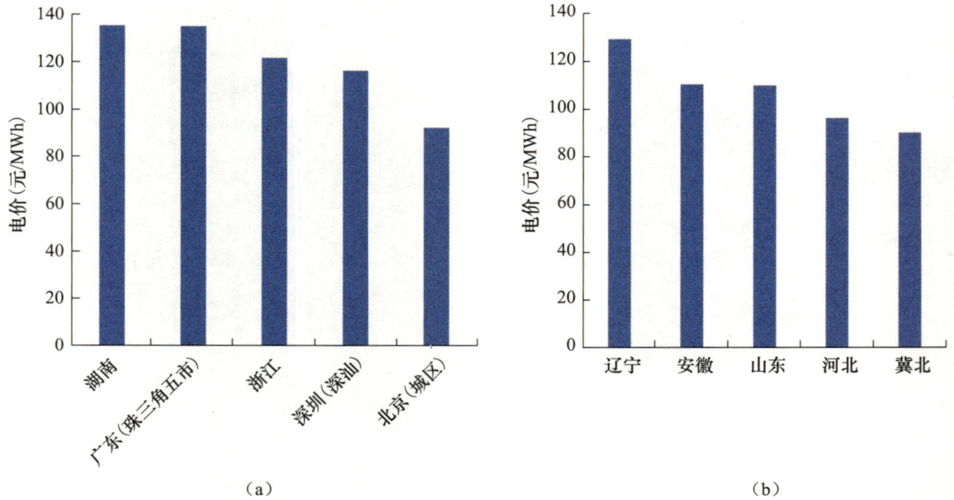

图 3－16　全国部分地区尖峰电价情况（2021 年 12 月）

（a）广东（珠三角五市）等地区大工业用户价格；（b）辽宁等地工商业（单一制）用户价格

制）用户价格。可见，其中大部分地区的尖峰电价普遍超过 0.8 元/kWh，湖南、广东（珠三角五市）、辽宁、浙江尖峰电价水平超过 1.2 元/kWh。

2021 年 12 月，全国范围内部分地区代理购电平时段价格情况（以大工业和 1～10kV 工商业用户为例）如图 3-17 所示。总体上看，国内大部分地区 10kV 电压等级用户平时段电网代理购电价格基本为 0.4～0.9 元/kWh，海南、安徽、河南等省份电网企业代理价格相对较高，突破 1.0 元/kWh。

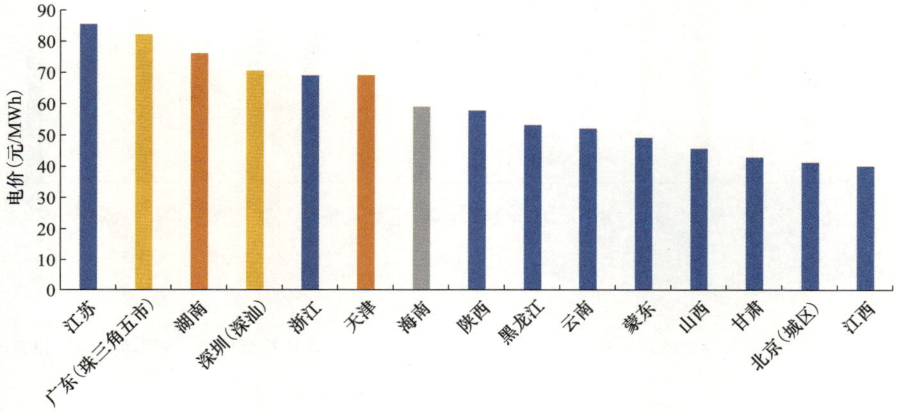

（a）

注：其中湖南、天津为大工业单一制价格；广东、深圳为 10（20）kV 电压等级价格；海南为 35kV 以下电压等级价格。

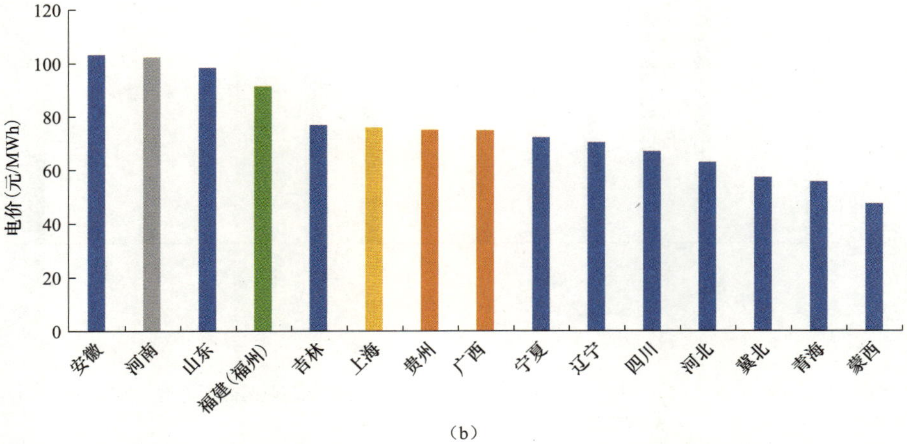

（b）

注：其中河南为工商业 315kVA 以下价格；贵州和广西为 10kV 电压等级工商业两部制价格；福建为 1～10（20）kV 电压等级价格；上海为 10kV 电压等级价格。

图 3-17 全国范围内部分地区代理购电用户电价情况（平时段）

（a）部分地区 1～10kV 大工业用户电网企业代理购电价格（平时段）；

（b）部分地区 1～10kV 工商业用户电网企业代理购电价格

2021年12月，全国范围内部分地区代理购电峰谷价差（以大工业和1～10kV工商业用户为例）如图3-18所示。江苏、广东（珠三角五市）峰谷价差水平居于全国前列，度电价差达到0.8元/kWh；蒙西、广西、青海等地区的峰谷价差相对较低，价差水平约为0.2元/kWh左右。

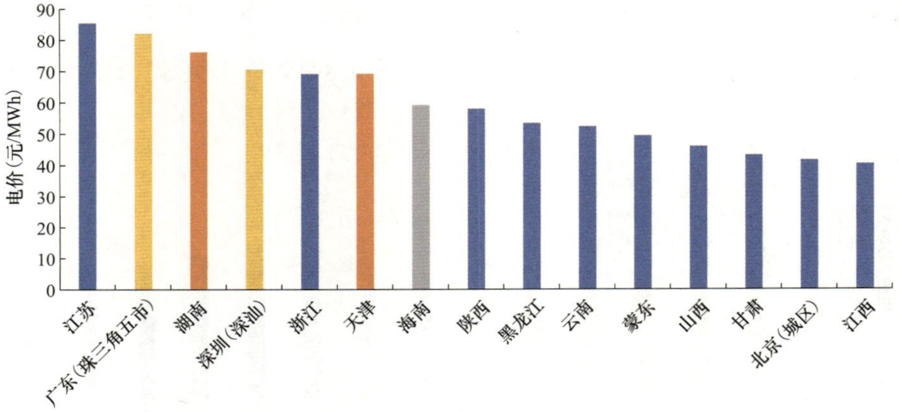

（a）

注：其中湖南、天津为大工业单一制价格；广东、深圳为10（20）kV电压等级价格；海南为35kV以下电压等级价格。

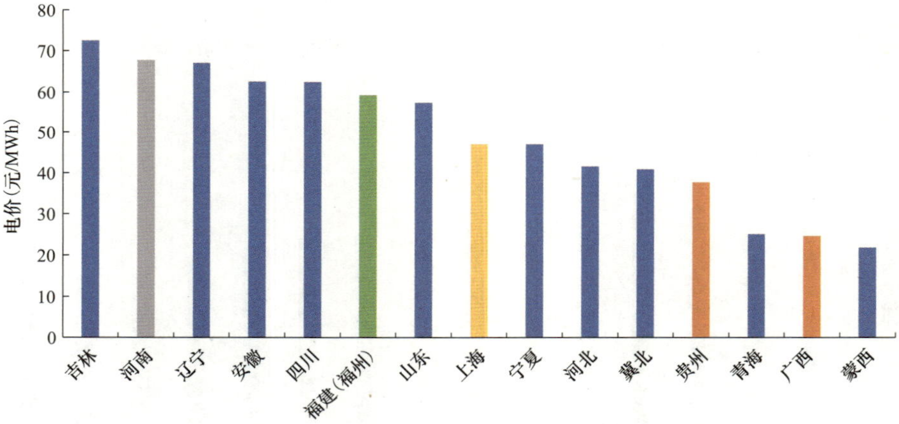

（b）

注：其中河南为工商业315kVA以下价格；贵州和广西为10kV电压等级工商业两部制价格；福建为1～10（20）kV电压等级价格；上海为10kV电压等级价格。

图3-18　全国范围内部分地区代理购电用户峰谷价格差

（a）部分地区1～10kV大工业用户电网企业代理购电峰谷价格差；

（b）部分地区1～10kV工商业用户电网企业代理购电峰谷价格差

广东电网代购电价格。2021年12月，广东省发改委印发《广东省电网企业代理购电实施方案（试行）》。2021 年 12 月—2022 年 6 月，广东电网代理购电价格呈现先稳步上升后趋于回落趋势，总体价格水平保持在 0.48 元/kWh 以上，最高价格达到 0.569 5 元/kWh。截至 2022 年 6 月广东电网代理购电价格水平如图 3-19 所示。

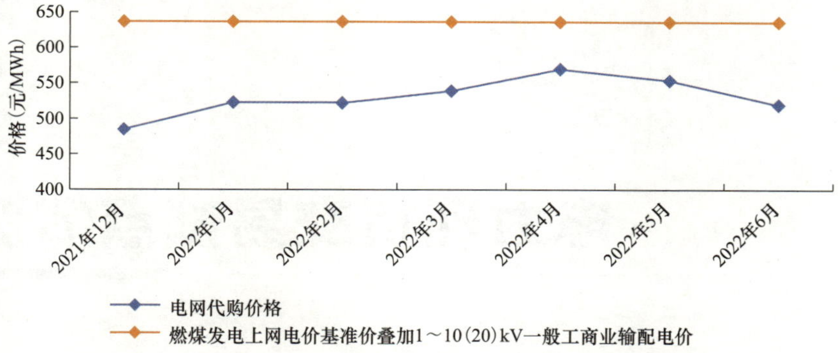

图 3-19 广东电网代理购电价格水平

江苏电网代购电价格。2021 年 10 月，国家电网江苏省电力公司发布《关于开展代理购电服务有关事项的公告》，宣布从 2021 年 12 月起执行代理购电用户电价。2021 年 12 月—2022 年 6 月，江苏电网代理购电价格水平呈现出一定的波动性，最高价格为 0.459 4 元/kWh，最低价格为 0.418 6 元/kWh。截至 2022 年 6 月江苏电网代理购电价格水平如图 3-20 所示。

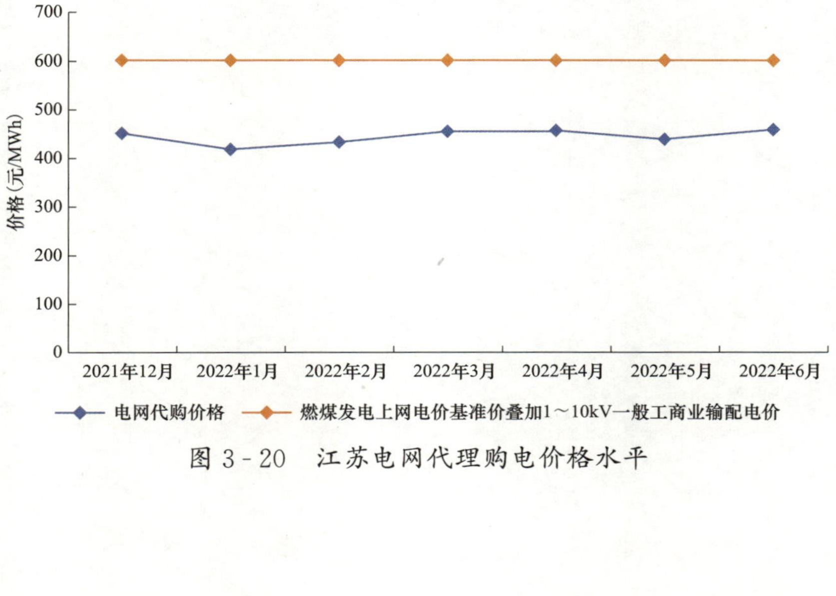

图 3-20 江苏电网代理购电价格水平

第 4 章

电力现货交易试点情况

创新引领

智力共享

4.1　第一批现货交易试点情况

2021 年以来，政策指引下，全国试点积极探索以市场化手段优化资源配置，电力现货市场建设按下“快进键”。2022 年 2 月，国家发展改革委、国家能源局综合司印发《关于加快推进电力现货市场建设工作的通知》，要求第一批试点地区原则上 2022 年开展现货市场长周期连续试运行，第二批试点地区原则上在 2022 年 6 月底前启动现货市场试运行；其他地区尽快开展现货市场建设工作，原则上要在 2022 年一季度完成现货市场建设方案上报；同时要求在 2022 年 6 月底前，省间现货交易启动试运行，南方区域电力市场启动试运行，研究编制京津冀电力现货市场、长三角区域电力市场建设方案。

目前，第一批现货试点基本已完成长周期连续结算试运行，其中，福建、山西、甘肃等试点省份已连续结算试运行超过一年，市场运行总体平稳有序。随着第一批电力现货交易试点建设推进，市场化比例进一步提升，蒙西推动全部工商业、居民、农业用户参与现货结算；市场主体更加多元，山东放开新能源、储能等市场主体参与现货交易；风险防控机制进一步完善，山西引入现货市场熔断机制；市场范围进一步扩大，省间现货市场、南方区域电力市场即将启动试运行。2021 年 1 月—2022 年 6 月第一批现货试点部分结算试运行情况见表 4-1。

表 4-1　2021 年 1 月—2022 年 6 月第一批现货试点部分结算试运行情况

试点	试运行情况	
南方区域（以广东起步）	2021 年 5 月	全月结算试运行
	2021 年 11 月起	不间断结算试运行
蒙西	2021 年 11 月	模拟试运行
	2021 年 12 月	调电试运行
	2022 年 5 月	调电试运行
	2022 年 6 月起	不间断结算试运行
浙江	2021 年 3 月—5 月	季度结算试运行
	2021 年 12 月	结算试运行
	2022 年 5 月	调电试运行

续表

试点	试运行情况	
山西	2021 年 4 月起	不间断结算试运行
山东	2021 年 12 月起	不间断结算试运行
福建	2020 年 8 月起	不间断结算试运行
四川	2021 年 3 月—5 月 2021 年 12 月	双月结算试运行 结算试运行
甘肃	2021 年 5 月起	不间断结算试运行

4.1.1 南方（以广东起步）

（1）2021 年以来试运行安排。2021 年 5 月，南方（以广东起步）电力现货试点开展整月结算试运行，并宣布启动需求响应试运行。2021 年 10 月，广东电力交易中心发布《关于开展南方（以广东起步）电力现货市场 2021 年 11—12 月结算试运行的通知》，宣布于 2021 年 11 月重启现货试运行，并连续运行至今。

（2）试运行相关规则。2021 年 11—12 月，广东电力现货市场在现有年度中长期合同电量和零售代理关系不变的基础上，连续组织“绝对价格月、周交易＋现货”结算试运行，全面放开燃煤、燃气电量进入市场，实施发电成本补偿，根据系统运行需要组织需求侧响应。按照国家 1439 号文要求，扩大月、周中长期成交价格上下浮动范围至 20%；理顺价格形成和传导机制，建立报价上限与一次能源价格联动机制，同时将批发价格超过基准价的部分，在 6 分/度的分摊上限以内传导至市场用户。12 月起，进一步落实工商业用户进入市场的要求，建立电网代理购电制度，对尚未进入市场的工商业用户全部取消目录电价，通过电网公司代理购电参加交易。

2022 年结算试运行期间，广东电力现货市场统一组织开展交易和结算，主要包括：组织月度交易，交易结果为差价合约；按照南方（以广东起步）电力现货市场规则体系，组织绝对价格中长期交易和现货交易并开展批发市场结算；基于零售合同开展零售市场结算。主要交易和结算内容如下。

1）**整体流程**。首先开展绝对价格月度交易，包括月度双边协商、月度挂牌交易、月度集中竞争交易、发电合同转让交易、用电合同挂牌转让交易；随后开展绝对价格周中长期交易，包括周集中竞争交易、周双边协商和周挂牌交易；再开展日前、实时现货市场交易，最后进行市场结算。相较于此前规则，新版规则月度集中竞争交易由集中竞价方式修改为集中竞价＋滚动撮合成交；同时，周交易不再限制发用电主体的买入和卖出方向，市场主体可自由进行买卖。

2）**现货流程**。按照日前申报、日前及实时出清和出清结果执行的全流程开展结算试运行日的现货交易。在日前交易申报阶段，各市场主体沿用发电侧报量报价、用电侧报量不报价的申报方式。市场化核电机组暂不参与现货市场报量报价。

3）**市场出清**。以运行日的电网预测信息和实际运行情况作为边界条件，按照《广东电力市场现货电能量交易实施细则》进行市场出清，出清结果作为调度计划安排依据。同时，视情况采用现货分时报价、调整现货出清限价、引入稀缺定价等措施，进一步拉大市场峰谷价差。参与深度调峰的机组出力固定为机组深度调峰出力，不参与电能量市场优化，相应时段内该机组作为市场价格接受者，不参与电能量市场定价。

4）**交易结算**。批发市场采用"日清月结"方式，发电企业市场电费包括现货电能量电费、发电成本补偿和系统运行补偿等；零售用户电费由零售合同电能量电费、辅助服务费用、保障居民农业用电价格稳定的新增损益（含变动成本补偿分摊电费）、需求侧响应分摊电费、输配电费及基金附加等组成；售电公司收益为代理零售用户缴纳的电能量电费减去在批发市场支付的电能量电费（含各类分摊返还、补偿）；批发用户缴纳电费由批发市场应支付的电能量电费（含各类分摊返还、补偿）、输配电费及基金附加等组成。其中，系统运行补偿费用由此前售电公司和机组根据偏差电量绝对值分摊修改为由售电公司按用电量比例分摊。

5）**新增售电公司用电需求申报偏差考核**。售电公司需求申报偏差超出允许范围内的，超出部分电量按照度电考核价格进行结算：度电考核价格＝

（月度集中竞争交易价格－日前市场月度加权平均综合电价）×小时。售电公司当月偏差考核按中长期交易偏差考核费用与用电需求申报考核费用两者最大值进行结算。

（3）试运行结果。中长期交易方面，2021年11月年度和月度中长期总交易电量188.9亿kWh，综合均价为0.411元/kWh；绝对价格周交易合计成交电量0.02亿kWh，均价0.403元/kWh。12月年度和月度中长期总交易电量185.3亿kWh，综合均价为0.410元/kWh；绝对价格周交易无成交电量。

现货市场申报方面，2021年11－12月，共有212台机组、163家售电公司和2家大用户参与现货申报。11月，机组平均报价0.716元/kWh，其中气机申报均价0.994元/kWh，煤机申报均价0.669元/kWh。12月，机组平均报价0.665元/kWh，其中，气机申报均价0.935元/kWh，煤机申报均价0.605元/kWh。

现货市场出清方面，11月，现货日前、实时均价0.693元//kWh、0.698元/kWh，日前市场小时价格最高0.946元/kWh，最低0.447元/kWh；实时市场小时价格最高1.181元/kWh，最低0.203元/kWh。12月，现货日前、实时均价0.673元/kWh、0.694元/kWh，日前市场小时价格最高1.012元/kWh，最低0.152元/kWh；实时市场小时价格最高1.183元/kWh，最低0.13元/kWh。

市场结算方面，11月发电侧市场机组总电量均价为0.499元/kWh，用电侧结算平均电价0.452元/kWh。12月发电侧市场机组总电量均价为0.490元/kWh，用电侧结算平均电价0.456元/kWh。

4.1.2 蒙西

（1）2021年以来试运行安排。2021年11月，蒙西电力现货试点组织开展模拟试运行工作；同年12月，蒙西试点开展调电试运行；2022年5月，蒙西电力现货试点启动全业务、全流程调电试运行及模拟结算工作，并于

2022 年 6 月 1 日宣布正式启动电力现货结算试运行。

（2）试运行相关规则。蒙西电力现货市场 6 月结算试运行采用“中长期曲线交易＋现货全电量竞价”的交易模式，发电侧“报量报价”，用户侧“不报量、不报价”。此次结算试运行，蒙西试点新规则在市场主体、市场模式、交易机制等方面均进行了较大调整，具体内容如下。

1）市场模式。由分散式转向集中式市场模式，中长期合约由物理交割转为金融结算，现货市场采用“全电量集中优化＋节点电价”的交易模式。

2）市场主体。发电侧市场主体包含所有直调公用火电、新能源发电和地调公用煤电（不报量不报价），仅抽水蓄能、常规水电和自备电厂暂不参与市场。用户侧所有工商业用户参与市场，全部工商业、居民、农业用户参与现货结算，居民、农业等保障性用户产生的现货价格偏差费用将由全体工商业用户分摊或者共享。此外，此次试运行引入了独立储能、虚拟电厂等新型市场主体，初期自主申报充放电曲线，作为市场价格的接受者参与现货市场。

3）交易机制。采用日前预出清（可靠性机组组合）＋滚动预调度＋实时市场的模式，日前出清结果仅作为日前出力计划下发，不提供结算依据。日前市场中火电及新能源机组报量报价，用户侧初期不报量不报价，调度将采用调度主站新能源功率预测优化未来三日可靠性机组组合，结合机组报价优化机组出力计划。实时市场中，新能源机组申报超短期负荷预测作为实时市场出清过程中的新能源机组出力上限，实时市场采用机组日前封存的报价，以每 5 分钟一个时段，共 288 个价格出清时点。

4）中长期市场与现货市场衔接。中长期交易采用带曲线交易模式，交易双方可以自行约定交易曲线，或采用典型交易曲线。对于基数电量曲线的分解，居民、农业等有限保障用户用电量全部由风电基数承担。在居民、农业用电负荷曲线预测的基础上，考虑非市场机组发电后，按照各风电场装机容量比例进行分解。

5）省内与省间市场衔接。省间电力现货交易卖出成交结果作为送端关口负荷增量，买入成交结果作为受端关口电源参与省内出清。

（3）试运行结果。2022年6月1日，蒙西电力现货市场试点共有2648家市场主体以及电网代理用户参与现货交易，现货市场中长期合约电量6.17亿kWh，合约价格340.7元/MWh，实际上网电量5.96亿kWh，现货均价364.4元/MWh。

4.1.3 浙江

（1）2021年以来试运行安排。2021年3—5月，浙江电力现货交易试点完成季度结算试运行。2021年11月，浙江省发改委、能源局、能源监管办印发《浙江电力现货市场第五次结算试运行工作方案》，宣布于2021年12月1—31日开展第五次结算试运行。2022年5月13—27日，浙江电力现货市场启动调电模拟试运行，其中13—19日为模拟试运行，20—27日为调电模拟试运行。

（2）试运行相关规则。根据《浙江电力现货市场第五次结算试运行工作方案》，2021年12月试运行以浙江电力现货市场具备进入双边连续不间断结算试运行条件为目标，进一步验证评估技术支持系统功能的完整性、稳定性和可靠性，进一步增强市场主体对市场规则体系和技术支持系统应用的熟悉和掌握程度，提升市场主体参与度，为2022年进入双边连续不间断试运行奠定基础。方案主要内容如下。

1）市场主体。全省统调发电企业（除风电、光伏等电源外）和省电力公司代理购电的用户参与本次结算试运行，其他发电侧电源作为边界参与出清。

2）参与方式。煤电、燃气机组正常参与市场申报和出清。试验机组、政府批准的热电联产机组、水电、核电机组以自计划模式参与。因系统安全等原因，调度在事前或实时调度时可指定必开机组。省统调风电、光伏发电机组、宁波溪口抽蓄电站和储能电站参与模拟报价。

3）交易时序。执行日前一天10：30前，市场主体进行日前市场申报；执行日前一天17：00前，完成日前现货市场出清计算，发布交易结果。执行日每隔 5 分钟，实时市场滚动出清计算；执行日后一天 15：00 前，发布实时市场信息。

4）价格机制。发电侧采用节点电价，用电侧采用统一加权均价。

5）交易结算。发电企业结算项目包括电能电费（含环保电价、超低排放价格）、辅助服务费用、成本补偿费用、燃气机组容量电费、燃煤电厂超低排放扣除费用、追退补电费等。

（3）试运行结果。2021 年 3—5 月的结算试运行共有 91 家发电企业参与，其中，新能源场站 38 家，出清总电量 227.44 亿 kWh。受检修高峰期供需关系偏紧影响，试运行期间燃气机组开机需求量较大，出清电量占比约 8.8%。市场价格方面，受电力供应偏紧及燃料价格上涨等因素影响，平均电价较历次有明显回升，日前市场平均电价波动范围 252.94—526.21 元/MWh，实时市场平均电价波动范围 235.1—603.9 元/MWh。

4.1.4　山西

（1）2021 年以来试运行安排。2021 年 3 月，山西省能源局发布《关于开展电力市场第七次现货结算试运行的通知》，称于 4—6 月连续三个月开展全省电力市场第七次现货结算试运行。自 2021 年 4 月 1 日至今，山西电力现货市场已连续不间断结算试运行超一年。

（2）试运行相关规则。2021 年，山西省对现货市场运行规则进行了多次修改。2021 年 12 月，山西省能源局发布《山西省电力市场规则汇编（试运行 V11.0）》。此外，为推动中长期市场与现货市场衔接，山西省现货市场建立了中长期分时交易机制，自 2021 年 7 月开始实施，并于 2021 年 11 月发布《山西电力中长期分时段交易实施细则（试行）》，具体规则如下。

1）内涵定义。中长期分时段交易是指将每天 24h 分为若干个时段，以每个时段的电量为交易标的，组织发电侧与批发用户（含售电公司）分别按时段开展电力中长期交易，由各个时段的交易结果形成各市场主体的中长期合同曲线。山西电力市场中长期分时段交易暂分为 24 个时段。

2）交易周期。包括年度、多月、月度、旬和日。

3）交易方式。包括双边协商和集中交易。集中竞价采用边际电价法出清。年度、多月交易按照第一阶段双边协商交易、第二阶段采用挂牌、集中竞价或滚动撮合的方式组织；月度、旬交易按照第一阶段集中竞价交易、第二阶段滚动撮合交易的方式组织；日滚动交易只安排滚动撮合交易。

4）价格限制。年度、多月集中交易原则上按照国家规定的燃煤基准价浮动范围进行限制；月度、旬分时段交易进行逐个时段限价，逐个时段限价范围设置12个价格区间；日滚动交易仅设定最低和最高限价，不进行逐个时段限价；最高、最低限价，逐时段最高、最低限价按分时基准价＋上下浮动方式形成，分时基准价由燃煤发电基准价乘以现货交易峰谷系数确定。

5）中长期市场与现货市场衔接。山西中长期分时段交易暂分为24个时段，全天每小时为1个时段，每小时的合同电量均分至该小时内的4个15分钟，形成96点中长期合同电量曲线。

（3）试运行结果。2021年4—12月现货运行模式下，山西电力市场用电侧累计结算中长期合约电量1007.78亿kWh，实际用电量1010.35亿kWh，占比100.25%，结算均价308.11元/MWh。发电侧出清价格由4月均价0.193元/kWh最大提升到10月均价1.115元/kWh；用户月度结算均价由4月份0.256元/kWh提升到11月份0.357元/kWh。

4.1.5 山东

（1）2021年以来试运行安排。2021年11月，国家能源局山东监管办公室（以下简称山东能监办）、山东省发改委、山东省能源局、国家电网山东省电力公司联合发布《关于开展山东省电力现货市场2021年12月结算试运行的通知》，宣布于2021年12月1日启动山东省电力现货市场第五次现货结算试运行，并不间断运行至今。

（2）试运行相关规则。此次山东电力现货市场结算试运行按照“边运行、边完善”的原则开展，相较 2020 年 11 月试运行，新增了新能源企业作为市场主体参与市场交易，独立储能设施作为发电侧市场主体在满足电网接入技术规范的情况下，可以自主参与调频辅助服务市场或以自调度模式参与电能量市场。此外，试运行工作方案也对市场干预机制进行了规定。

2022 年 1 月，山东能监办、山东省发改委、山东省能源局印发《关于做好 2022 年山东省电力现货市场结算试运行有关工作的通知》，通知包含《山东省电力现货市场交易规则（试行）（2022 年试行版 V1.0）》《山东电力现货市场 2022 年结算试运行期间有关市场参数（2022 年 V1.0 试行版）》两个附件，对相关市场主体参与市场方式、结算机制等进行了进一步完善。新增独立储能设施参与市场要求、容量补偿机制、结算原则。调整新能源电站预测偏差考核和收益回收比例、完善结算计量依据。中长期交易新增连续撮合交易品种，根据市场运行情况分步实施，稳妥有序推进。简化零售合同更换流程，实现零售合同可每月更换。根据市场需求增加灵活多样的零售套餐品种，按照价格形成方式，零售套餐电量价格可分为固定价格类、分时价格类、阶梯价格类、市场费率类、混合类，探索应用绿色零售套餐。售电公司、电力零售用户之间解除合同关系，应就欠费问题及其他相关合同义务达成一致意见，双方协商解约，暂不开放解约金强制解约。

2022 年 6 月，山东省能监办、发改委、能源局印发《关于 2022 年山东省电力现货市场结算试运行工作有关事项的补充通知（征求意见稿）》。通知指出，自 2022 年 7 月起，将山东省内 10kV 及以上电压等级并网的非户用分散式风电、分布式光伏（不含扶贫项目）纳入市场偏差费用分摊范围（包括机组启动费用、特殊机组补偿费用、调频服务费用和优发优购曲线匹配偏差费用）。2023 年 1 月起，省内非户用风光分布式以及新建的户用分布式（不含扶贫）均纳入市场偏差费用分摊范围，后续逐步将所有新能源发电企业（不含扶贫项目）纳入电力市场交易主体范围，以其全部上网电量为基数分摊市场偏差费用。

（3）试运行结果。截至2022年2月15日，山东此次电力现货市场结算试运行日前市场出清最高价1.34元/度，最低价0.02元/度，均价0.48元/度。全省参加市场交易的发电侧直调公用电厂52家、集中式新能源场站470家，成交电量682亿度；购电侧售电公司72家、电力批发用户19家，成交电量635亿度。

4.1.6 福建

（1）试运行安排。自2020年8月以来，福建电力现货市场启动不间断结算试运行，2021年市场总体呈现平稳运行态势。

（2）试运行相关规则。2022年1月，福建省发改委、国家能源局福建监管办公室印发《2022年福建省电力中长期市场交易方案》，主要内容包括如下。

1）电量规模。除居民、农业等优先购电电量由电网企业保障供应外，其余电量全部进入市场。

2）市场主体。水电等其他电源用于保障居民、农业优先购电，灵活安排华龙一号核电部分电量用于优先购电。燃煤发电机组、核电机组全部上网电量（除华龙一号机组部分电量外）参与市场交易。已投入商业运行的风电机组和电化学储能电站参与市场交易。

3）交易方式。设置年度、月度及月内3个交易周期，双边协商、挂牌、集中竞价、滚动撮合等4个品种，共计14个交易类型。电网企业代理购电参与除年度双边协商、月内滚动撮合等其他交易。风电、光伏按享受可再生能源补贴电量和未享受可再生能源补贴电量分类参与市场化交易，按年度和月度两个周期开展。其中，享受可再生能源补贴的集中式风电、核电等发电企业参与清洁能源挂牌交易，未享受可再生能源补贴的风电、光伏等发电企业参与月度绿电双边协商交易。

4）时序安排。2022年1月底前依次开展年度清洁能源挂牌交易、双边协商交易、集中竞价交易。2022年2月起，每月依次开展月度合同调整、清洁能源挂牌、绿电双边协商、发用电两侧合同转让、集中竞价交易。此外，2022 年 1 月中旬开展春节短周期交易。2022 年 2 月起，在当月内每个完整周依次开展用电侧合同转让交易、月内发电侧合同转让交易、月内滚动撮合增量交易；每月下旬开展月内电网企业代理购电挂牌交易。

4.1.7　四川

（1）2021 年以来试运行安排。2021 年 3 月 26 日—5 月 25 日，四川现货交易试点开展了为期两个月的火电竞价长周期结算试运行，这是四川现货市场开展的第五次枯水期结算试运行。2021 年 12 月 26 日，四川现货试点再次启动火电竞价现货市场结算试运行工作。

（2）试运行相关规则。2021 年 2 月，国家能源局四川监管办公室会同四川省经济和信息化厅印发了《四川电力中长期交易规则》，其中新增与现货市场衔接章节，提出四川应建立中长期交易为主、现货交易为补充的电力市场，保证市场初期电力中长期合同达到高比例覆盖率，中长期交易量占市场用户全部用电量的比例不低于 95%；同时为衔接现货，推动中长期带曲线交易。

2021 年 12 月，四川省经济和信息化厅等四部门印发《四川省 2022 年省内电力市场交易总体方案》，对于市场交易方案进行了优化调整，调整主要内容如下。

1）市场主体。全面放开工商业用户和燃煤发电电量，进一步放开风电、光伏发电电量，推动风光发电企业（平价上网风光机组和光伏扶贫项目除外）优先电量以外的电量参与市场交易。风光发电企业市场化交易电量既可按水电交易方式与水电一同参与市场化交易（限价范围与水电相同），也可与全风光高耗能用户开展双边协商交易（交易价格不低于 401.2 元/MWh）。

2）交易品种。取消铝电合作、自备机组停发替代、居民电能替代、低谷弃水、火电增发 5 个交易品种，增加电网企业代理购电相关内容。

3）交易组织。调整了水电消纳示范、丰水期富余电量、燃煤火电关停替代等部分交易品种组织方式；完善合同转让相关要求，明确风、光交易合同转让方式，设置水电月度（月内）转让电量比例限制；火电、新能源电量配比由全年30%调整为丰、平、枯水期分别为20%、35%、50%；调整月度（月内）水电增量交易组织方式。

4）交易限价。统一常规直购、战略长协、水电消纳示范、丰水期富余电量、电能替代交易品种的丰水期水电限价范围，增加零售交易基础电价下限。

5）市场衔接。在与高比例签约、分时电价、代理购电等政策衔接落实方面进行了规定。

（3）试运行结果。2021年3月26日—5月25日的火电竞价现货长周期结算试运行中，发电侧共13家统调燃煤电厂参与，合计上网电量93.21亿kWh，总结算电费38.01亿元，度电均价0.407 83元/kWh。现货市场交易电量6.11亿kWh，现货均价0.420 64元/kWh。其中：日前现货市场正、负偏差电量分别为6.51亿kWh、0，实时现货市场正、负偏差电量分别为0.85亿kWh、−1.25亿kWh。

4.1.8 甘肃

（1）2021年以来试运行安排。甘肃电力现货市场自2021年5月1日起不间断运行至今。2021年4月29日，甘肃电力交易中心发布《关于甘肃电力现货市场开始长周期结算试运行的通知》，通知提到，2021年起甘肃正式启动第二阶段的双边现货市场建设工作，计划于5月1日0：00开始不少于1个月的长周期结算试运行，并于4月29日择机由模拟运行切换至调电运行。根据《甘肃省工业和信息化厅关于甘肃电力现货市场2022年完整年结算试运行的批复》，2022年1月1日起，甘肃电力现货市场实施完整年结算试运行。

（2）试运行相关规则。2022年甘肃电力现货市场实施完整年结算试运行期间，暂按《甘肃电力现货市场 2022 年完整年结算试运行工作方案》《甘肃双边电力现货市场规则汇编（结算试运行暂行 V2.4）》执行。根据《甘肃电力现货市场 2022 年完整年结算试运行工作方案》，此次连续结算试运行总体原则为：以省内用电及中长期外送形成的总需求空间作为市场运行边界，发用双侧“报量报价”参与现货市场。依据各类电网安全约束，以社会福利最大化为优化目标，通过日前、实时市场全电量集中竞价，出清运行日火电机组启停计划、发用两侧分时中标曲线和分时现货价格，并以此为结算依据，开展现货市场差价合约结算。方案主要内容如下。

1）中长期与现货市场衔接。省内保量保价发电量按“以用定发”“分月平衡”原则安排，曲线采用典型曲线方式确定。市场化交易全部采用发用双方签订的合约作为偏差结算依据。市场化交易合约可在月内进行相同时段的电力曲线转让。

2）市场主体及参与方式。火电及新能源“报量报价”参与现货市场；水电企业“报量不报价”参与现货市场，作为价格接受者，在满足电网安全约束的前提下优先出清；特许权、扶贫、分布式新能源作为市场边界优先出清。电力用户以“报量报价”方式参与日前现货市场申报。

3）省内现货市场与省间短期市场衔接。省内现货市场预平衡出清后，富余发电能力或功率缺额继续参与省间短期市场交易。

4）市场出清。日前现货市场以系统短期负荷预测、日前外送电计划为边界进行优化出清。实时市场以 15min 为间隔，滚动出清未来 15min 至 2h 的电价和机组/场站发电计划。

（3）试运行结果。2021 年 5 月 1 日—10 月 10 日，共有 10 家客户参与了甘肃双边电力现货市场结算试运行，市场化用电量总计 6.454 亿 kWh，中长期合同电量总计 6.454 亿 kWh，整体履约率 99.82%，9 月份参与现货结算试运行的客户增加至 13 家。受电煤价格、流域来水、电力需求增长等因素的影响，电力现货价格与去年同期相比，持续高位徘徊，并显著高于中长期合同价格。

4.1.9 小结

现货市场试运行方面，目前南方（以广东起步）、蒙西、山西、山东、福建、甘肃现货交易试点均启动不间断结算试运行，浙江、四川现货交易试点也已完成一个月以上的连续结算试运行。

现货市场模式方面，随着蒙西电力现货市场2022年6月结算试运行转为“现货全电量竞价”模式，目前首批8个现货交易试点均采取集中式市场模式。

现货市场组成方面，目前8个现货试点均建立了日前市场和实时市场，但在市场结算方面有所不同。蒙西采用日前预出清（可靠性机组组合）＋滚动预调度＋实时市场的模式，机组在日前的预出清计划仅作为日前调度运行计划，不进行财务结算，仅对实时市场结果进行结算。而其他试点多采取双结算模式，在日前市场和实时市场中分别进行偏差结算。

报价方式方面，多数试点采用单边报价方式，如南方（以广东起步）电力现货试点采用“发电侧报量报价、用电侧报量不报价”的申报方式，蒙西电力现货试点采用“发电侧报量报价，用户侧不报量、不报价”的方式；而甘肃电力现货市场则规定发用双侧“报量报价”参与现货市场。

新能源参与市场方面，蒙西、山西、山东、甘肃试点新能源均参与到现货市场之中，浙江省统调风电、光伏发电机组参与现货市场模拟报价。其中，蒙西、山东、甘肃现货交易试点新能源采取“报量报价”方式参与市场；山西电力现货市场则将新能源发电优先纳入市场出清、优先安排发电空间，新能源以“报量不报价”方式参与市场。

储能等新型主体参与市场方面，蒙西、浙江、山东等省份进行了相关探索。蒙西试点引入独立储能、虚拟电厂等新型市场主体，初期自主申报充放电曲线，作为市场价格的接受者参与现货市场。浙江宁波溪口抽蓄电站和储能电站参与现货市场模拟报价。山东储能可以自调度模式参与电能量市场，虚拟电厂可作为独立主体参与现货市场顶峰、填谷交易。

4.2 第二批现货交易试点情况

2021 年 5 月，国家发改委、国家能源局发布《关于进一步做好电力现货市场建设试点工作的通知》，公布第二批现货市场交易试点名单。文件发布至今，新一批六家省级现货试点建设有序推进中。目前，第二批六个现货试点均已启动模拟试运行，见表 4-2。

表 4-2 2022 年第二批现货试点模拟试运行情况

试点	试运行情况	
辽宁	2022 年 6 月 20 日	首次模拟试运行
江苏	2022 年 1 月 25—27 日	首次模拟试运行
安徽	2022 年 3 月 30—31 日 2022 年 4 月 25—26 日	首次模拟试运行 第二次模拟试运行
河南	2022 年 6 月 27 日—7 月 5 日	首次模拟试运行
上海	2022 年 7 月 22—28 日	首次模拟试运行
湖北	2022 年 7 月 1—7 日	首次模拟试运行

4.2.1 辽宁

（1）现货市场建设进展。目前，辽宁省已完成《辽宁电力现货市场建设方案》编制。2022 年 6 月 1 日，东北能源监管局、辽宁省工业和信息化厅、辽宁省发改委发布《辽宁省电力市场运营基本规则及六项配套规则（征求意见稿）》，就《辽宁省电力市场运营基本规则》《辽宁现货电能量市场交易实施细则》等七项规则征求意见。2022 年 6 月 20 日，辽宁电力现货市场开展了第一次模拟试运行，并计划于 6 月模拟试运行，10 月调电试运行，12 月结算试运行。

（2）现货市场相关规则。

1）建设阶段。根据《辽宁电力现货市场建设方案》，辽宁电力现货市场建设共分为三个阶段：第一阶段（截至 2021 年 12 月 31 日）；第二阶段

（2022年1月1日—2022年6月30日）；第三阶段（2022年7月1日以后）。

2）市场模式。以“集中式市场”为基本框架，主要以中长期合约管理市场风险，配合现货交易采用全电量集中竞价。

3）市场成员。电力现货市场成员包括市场主体、市场运营机构、电网企业。市场主体包括满足准入条件的各类发电企业、配售电企业、电力用户等。起步阶段，省内全部燃煤机组、集中式风电和光伏（不含平价及低价）、核电机组的上网电量参与现货市场。中长期市场用户均应参与现货市场。

4）交易机制。日前电能量市场发电侧报量报价，用户侧申报分时用电需求曲线，分时用电需求曲线仅用于结算，不作为出清计算依据。实时电能量市场220kV及以上燃煤机组沿用日前申报信息，风电、光伏滚动申报未来4h的超短期预测出力曲线。

5）价格机制。现货市场采用节点边际电价机制定价。发电企业市场化机组以现货市场节点电价作为现货电能量市场结算价格。批发市场用户、配售电企业、电网企业代理购电日前市场分时统一结算点电价按各机组各时段日前出清上网电量进行所有节点加权平均，实时市场分时统一结算点电价按各机组各时段计量电量进行所有节点加权平均。

6）市场衔接。将省间联络线作为省内市场开展的边界。日前省内和省间现货市场采取“分别报价、分别出清”的组织方式，在日前省内现货市场预出清结束后，发布各机组次日预出清结果。省内发电企业依据省间现货规则，参与省间现货市场。

7）新能源超额收益回收机制。新能源每个时段偏差电量（实际发电量与日前预测值的偏差）超出允许偏差范围时，将超出部分产生的价差收益进行回收。该项费用在市场化发电企业中按月度上网电量比例进行返还。

4.2.2 江苏

（1）现货市场建设进展。近年，江苏省相继发布了现货市场建设方案与相关规则。2020年12月，江苏省发改委就《江苏电力现货市场建设方案

（征求意见稿）》征求意见；2021 年 11 月 8 日，江苏省能监办发布《江苏省电力现货交易规则（征求意见稿）》；2022 年 1 月 14 日，江苏省发改委就《江苏省电力现货市场运营规则（试行）》公开征求意见。

2022 年 1 月 25—27 日，江苏省电力现货市场开展首次模拟试运行，成为第二批现货市场试点中首个实现模拟试运行的试点。本次试运行按照“集中式市场、全电量竞价”的模式开展，共有 134 台燃煤发电机组、核电机组（总容量 7793 万 kW）和 4 家用户参加了此次模拟试运行。

（2）现货市场相关规则。

1）建设阶段。江苏省电力现货市场建设共分为两个阶段：第一阶段为现货市场初步建立阶段（2021—2023 年）；第二阶段为现货市场完善提升阶段（2024 年后）。

2）市场模式。采用集中式全电量出清。现货电能量市场采用发、用双边全电量报价，基于分区电价机制，以社会福利最大化为优化目标，采用安全约束机组组合、安全约束经济调度方法进行集中优化出清，确定发、用两侧电能量市场价格。现货市场建设第一阶段，日前电能量市场发电侧报量报价、用户侧报量不报价。

3）市场成员。参与现货电能量交易的市场主体包括发电企业、一类用户（直接参与批发市场交易的电力用户）、售电公司等。发电侧和用电侧市场主体原则上与中长期电力市场交易的准入范围一致，现阶段发电侧市场主体主要包括省内统调公用常规燃煤机组、核电机组等。

4）交易机制。现货市场起步阶段，日前电能量市场发电侧单边报量报价、用户侧报量不报价，采用电力调度机构预测的负荷曲线集中优化出清；实时电能量市场采用封存的发电侧日前市场申报的电量电价进行出清。

5）价格机制。通过集中优化形成分时分区电价，发电侧分时电能量价格对应机组上网节点所在价区的分区电价，一类用户、售电公司的分时电能价格采用用户所在价区的分区电价。

6）市场衔接。现货市场起步阶段，跨省跨区优先发电暂不参与省内现货市场，仅作为省内市场的边界。

4.2.3 安徽

（1）现货市场建设进展。2020年12月，安徽省能源局发布《安徽电力现货市场建设工作方案（征求意见稿）》，确定了安徽省现货市场的建设目标和实施步骤。2022年3月30—31日，安徽省开展了为期24h的电力现货市场模拟试运行。2022年4月25－26日，安徽省电力现货市场第二次启动模拟试运行，其中，25日为竞价日，26日为运行日。

（2）现货市场相关规则。

1）建设阶段。安徽省现货市场建设大致分为三个阶段：第一阶段（至2021年6月）建立发电侧单边、集中竞价的日前、实时现货电能量市场交易机制；第二阶段（至2022年底）逐步过渡到用户侧报量不报价的双边现货电能量市场交易。实现调峰辅助服务与现货市场的联合运行，研究调频、备用辅助服务市场和市场化的电力需求侧响应机制；第三阶段（2023年以后）逐步过渡到大用户报量又报价的双边现货电能量市场交易。

2）市场模式。采用集中式电力市场模式。以“中长期市场＋现货市场”的市场架构，构建“以中长期交易规避价格波动风险，以现货交易优化资源配置”的电力市场体系。

3）市场成员。包括市场主体、电网运营企业及市场运营机构。现阶段，10万kW及以上的省调公用煤电机组以报量报价的方式参与电能量市场交易。

4）交易机制。日前现货电能量市场采用全电量集中优化出清的方式。在发电侧单边报价模式下，参与交易的发电企业申报量价曲线。实时现货电能量市场采用全电量集中优化出清的方式。根据发电侧在日前电能量市场中的申报信息进行出清。

5）价格机制。发电侧采用分时节点电价机制。

6）市场衔接。跨省区送受电和其余发电机组作为电能量市场出清的边界条件，10 万 kW 及以上的省调公用煤电机组的优先发电电量和基数电量，由发电企业与电网企业签订政府授权合约，采用典型交易曲线进行分解。

4.2.4 河南

（1）现货市场建设进展。2021 年 4 月，河南省被国家发改委、国家能源局确定为第二批电力现货市场建设试点省份。为加快河南省电力现货市场建设，河南省发改委组织有关单位，依托省电力现货市场建设工作专班，研究编制了《河南省电力市场运营基本规则》，并于 2022 年 1 月征求有关单位意见。2022 年 6 月 27 日—7 月 5 日，河南电力现货市场完成了首次整周模拟试运行。

（2）现货市场相关规则。

1）市场模式。采用全电量集中竞价方式开展，将中长期分解曲线作为重要依据，通过集中优化计算，形成机组开机组合、分时发电出力曲线以及分时现货电能量市场价格。

2）市场成员。包括市场主体、电网运营企业及市场运营机构。

3）交易机制。日前市场采用全电量优化、集中出清的方式开展，以 15min 为一个交易出清时段。电力调度机构在系统实际运行前 15min 开展实时市场交易出清。实时市场采用日前市场报价信息，滚动优化计算形成机组实时发电计划和实时电价。首次模拟试运行采用“发电侧市场化燃煤机组报量报价、增量平价新能源报量和用户侧报量”形式进行市场模拟出清。

4）价格机制。发电侧采用节点电价或分区电价，用电侧采用全网统一结算电价。

（3）试运行结果。首次整周模拟试运行期间，共有 7 家增量平价新能源场站、115 台市场化燃煤机组、21 家售电公司（代理 181 家 110kV 及以上用电企业）和 1 家电力大用户作为市场主体参与。

4.2.5 上海

（1）现货市场建设进展。2021 年 1 月，上海市发改委发布《上海电力市场建设总体方案》，明确了上海电力市场建设目标、主要建设内容及工作安排。2022年4月，上海市发改委日前发布关于转发《国家发展改革委办公厅 国家能源局综合司关于加快推进电力现货市场建设工作的通知》，提出确保2022年6月30日前开展首次电力现货市场模拟试运行工作，力争2022年10月30日前，现货技术支持系统及配套设施基本具备结算试运行条件。2022年7月22日，上海市发改委、上海市经济和信息化委员会、华东监管局发布《上海电力现货市场模拟试运行总体方案》和《上海电力现货市场首次模拟试运行工作方案》，宣布上海电力现货市场自7月22日起启动为期一周的模拟试运行。

（2）现货市场相关规则。

1）建设阶段。

根据《上海电力市场建设总体方案》，上海电力市场分为市场试点运行和市场正式运行两个阶段：市场试点运行阶段（2021—2023年）建立中长期合约市场和现货市场（日前市场和实时市场），交易品种有电能量、辅助服务、发电容量和可再生能源消纳量（视国家要求实施）。市场正式运行阶段（2024年及以后）形成完整市场体系，实现省间市场与省内市场的无缝衔接，探索建立与清洁能源大省间的市场连接。市场体系上增加日内市场，实现系统出清效率的进一步提升。

2）市场模式。采用集中式电力市场模式。构建以电力现货全电量竞价为核心，中长期差价合约为主、电力金融市场为补充，公平开放、竞争有序的省级电力市场体系。

3）市场成员。参与现货市场交易的市场主体包括符合准入条件并完成市场注册的发电企业、售电公司、电力用户（批发用户）等。其中，参与现货市场报量报价的电源类型包括但不限于：公用燃煤发电；政府主管部门规划纳入现货市场的其他电源主体。省间电源、市内保障性收购的优先发电则作为市场运行物理边界条件。

4）交易机制。日前市场采用发电侧报量报价、用户侧报量不报价、全电量申报、节点边际定价、集中优化出清的市场模式。实时市场沿用日前发电侧报价曲线，结合实际负荷及其他市场边界条件进行实时出清。

5）价格机制。市场化机组结算电价为机组所在物理节点的节点电价，外来电结算电价为接入物理节点的节点电价加权平均值减去过网费后得到的价格；用户侧以发电机组所在节点的节点电价进行加权平均，形成统一结算点电价进行结算。

6）与省间现货交易的衔接。日前市场完成申报环节后，调度机构须根据市场边界条件、申报信息进行日前预出清，分析电力供需平衡情况。当备用充裕时，调度机构可组织市内主体参与日前省间现货交易。

（3）试运行结果。参与模拟试运行的市场主体包括 16 家电厂的燃煤机组及调峰燃气机组和 8 家具备条件的电力用户及售电公司。7 月 23 日日前市场出清电量为 34 980.3 万 kWh，最大出清电力 1840 万 kW，市场出清均价 585.3 元/MWh。

4.2.6 湖北

（1）现货市场建设进展。2022 年 3 月 10 日、11 日，湖北省能源局组织召开推进湖北电力现货市场建设会议，研究电力现货市场配套细则，讨论电力现货市场建设关键问题。2022 年 6 月 17 日，湖北省能源局发布《湖北电力现货市场第一次模拟试运行工作方案》。2022 年 7 月 1—7 日，湖北开展了为期 7 天的电力现货市场模拟试运行。本次模拟试运行参与范围包括湖北省内统调公用燃煤电厂、统调新能源场站、用户侧市场主体（批发用户、售电公司、电网代理购电用户）。模拟试运行期间，水电厂、非统调电厂、燃气电厂、自备电厂、独立储能电站或装置暂不参与申报，后期将根据模拟情况逐步扩大参与申报的市场主体范围。试运行市场交易结果不实际调电、不实际结算。

（2）现货市场相关规则。

1）市场模式。以“中长期交易规避风险、现货市场发现价格”的原则建设，主要由中长期电能量市场、现货电能量市场和辅助服务市场构成。

2）市场成员。市场初期，参与现货市场的发电侧市场主体包含统调燃煤电厂、统调新能源电站、地调及以上非统调新能源电站、独立储能电站或装置；用户侧市场主体包括售电公司、批发用户、电网企业代理购电用户。水电、非统调火电、燃气电厂、可调节负荷等暂不参与现货市场，后期伴随市场实际发展情况，逐步推动参与市场。

3）交易机制。日前电能量市场采用全电量申报、集中优化出清的方式组织开展。实时市场采用日前电能量市场中的申报信息，集中优化出清的方式组织开展。市场初期，新能源与用户侧采取“报量不报价”方式；独立储能电站以“自调度”模式参与市场；其余市场机组采用“报量报价”方式。

4）价格机制。采用节点边际电价机制，通过集中竞价方式形成分时节点电价作为市场电量价格。发电侧价格对应机组所在节点的价格，用户侧价格则按各市场化机组的上网电量对节点电价进行加权平均。

5）与省间现货交易的衔接。省间现货电能量交易在省内现货市场预初清之后组织，并按照省间现货市场相关规则开展交易。

4.2.7 小结

现货市场模式方面，第二批现货交易试点均采取集中式市场模式。现货市场组成方面，第二批现货交易试点均建立了日前市场和实时市场，实时市场沿用日前市场主体申报信息进行出清。报价方式方面，第二批现货交易试点起步阶段均采用发电侧单边报价方式，除安徽电力现货市场第一阶段用户不报量不报价外，其余五个试点均要求用户侧报量不报价参与市场。

发电侧价格机制方面，第二批现货交易试点大多采用节点电价机制，江苏电力现货市场采用分区电价机制，河南试点采用节点电价或分区电价。用户侧价格机制方面，多数试点地区将节点电价按机组上网电量加权平均得到用户侧统一结算价格，江苏现货市场用户侧采用分区电价方式进行结算。

部分试点地区在新能源、储能等参与现货市场方面进行了探索。辽宁新能源采用报量不报价方式参与市场，并建立了新能源超额收益回收机制；河南增量平价新能源报量不报价参与市场；湖北新能源同样采用报量不报价的市场参与方式，此外独立储能电站以“自调度”模式参与市场，见表4-3。

表4-3　第二批现货试点市场机制对比

试点	市场模式	现货市场组成	报价方式	发电侧价格机制	用户侧价格机制	新能源/储能参与方式
辽宁	集中式市场	日前+实时	单边报价	节点电价	节点电价加权	新能源报量不报价，设置新能源超额收益回收机制
江苏	集中式市场	日前+实时	单边报价	分区电价	分区电价	—
安徽	集中式市场	日前+实时	单边报价	节点电价	—	—
河南	集中式市场	日前+实时	单边报价	节点电价或分区电价	统一电价	增量平价新能源报量不报价
上海	集中式市场	日前+实时	单边报价	节点电价	节点电价加权	—
湖北	集中式市场	日前+实时	单边报价	节点电价	节点电价加权	新能源报量不报价；独立储能电站以“自调度”模式参与市场

4.3 发展趋势

（1）新能源市场化消纳渠道更加丰富。在推进新型电力系统建设背景下，适应新能源占比逐渐提高的现货市场交易体系预计加快形成。区域现货市场建设提速，以通过更大空间范围的互补为供需空间错配引起的消纳问题提供解决手段；市场申报机制、出清机制等持续优化，以更高的申报出清频次、更短的市场间隔来实现对新型电力系统更加精细的管理与系统运行计划安排。

（2）现货价格信号更准确反映电能供需关系。随着电价改革的持续深化，全面放开燃煤发电上网电价，“能涨能跌”的市场化电价机制真正建立。电力现货市场更能起到发现电力实时价格信号、形成有效市场价差、引导削峰填谷等作用，现货价格更灵敏地反映供需形势变化的作用将进一步凸显。

（3）市场主体更加多元化，不同市场之间的衔接机制将进一步得到完善。各类具备条件的电源、用户侧等主体全面参与现货市场交易的进程不断加快，现货交易与发用电计划、与中长期市场、与辅助服务市场的衔接机制趋于完善，更加注重现货市场运营与电力系统安全稳定运行的统筹兼顾，强化现货市场风险管控机制，在激励效率的同时，保障电力供给安全。

（4）市场交易范围将进一步扩大。随着电力市场建设推进，省间交易壁垒将逐渐打破，电力资源实现在更大范围内的共享互济和优化配置。全国统一电力市场体系逐渐形成，区域现货市场建设进程加快，跨省跨区交易机制持续完善，市场在资源优化配置中作用显著增强。

第 5 章

绿色电力交易

创新引领
智力共享

锚定“碳达峰、碳中和”目标，推进新型电力系统建设，加快建立有利于促进绿色能源生产消费的市场体系和长效机制迫在眉睫。在当下新能源持续高速发展和电力市场建设的双重机遇下，我国持续开展了服务绿色电力发展和消纳的体制机制与制度创新，以更加充分发挥市场作用，进一步激发供需双侧潜力，推动清洁能源健康发展。绿色电力交易有助于引导全社会形成主动消费绿色电力的共识，随着新型电力系统的建设发展，预计将在市场体系中发挥越来越重要的作用。

5.1 国际经验

5.1.1 市场概述

目前对于绿色电力交易尚没有明确的定义，从经济学原理出发，可将从促进绿色电力消纳出发，将广义的绿色电力交易机制界定为服务于绿色电能商品买卖活动的配套机制。在国外电力市场中，绿证市场可分为自愿绿证市场和强制绿证市场两类。在自愿绿证市场中，消费者可根据需要自愿购买绿色电力；在强制绿证市场中，承担配额义务的市场主体通过购买绿色电力证书作为向监管部门出示的收购绿色电力的证明，从而满足消纳目标。无论是在强制市场还是自愿市场中，绿色电力的购买者都希望通过一种形式宣称自身购买行为，而绿色电力证书则是其购买行为的最佳证明。

国外绿色电力证书分为“捆绑式”绿证和“非捆绑式”绿证两种。前者是和绿色电力的物理量捆绑销售的，后者是独立于绿色电力单独出售的。“捆绑式”绿证通常用于新建可再生能源发电项目的投融资过程，开发商可以通过“捆绑式”绿证交易从尚未建成的项目中获得绿色溢价收益预期；“非捆绑式”绿证与绿色电力解耦，作为金融产品等单独在绿证交易市场中销售。

从经济学原理上看，与配额制相配套实施的绿证市场总体呈现政策型市场的特征。通常先由政府给出基准配额比、绿证基准价格、惩罚监督机制等规则，绿证需求由配额责任承担主体产生，绿证供给由绿色电力发电商提供，由需求与供给共同决定绿证价格。

5.1.2　建设实践

国外的绿色电力证书通常与可再生能源配额制联系紧密，相当多国家普遍形成了涵盖配额目标“制定—分配—考核”、绿证“注册—核发—交易—划转—履约—注销”全流程市场体系。如意大利、澳大利亚、美国等国家或地区的配额义务主体一般通过发出可再生能源电力获得证书或者通过市场交易获得证书，进而完成配额义务，例如英国早期阶段曾明确了发电商所提供的电力中必须要有一定比例的可再生能源电力，其比例由政府每年根据可再生能源发展目标和实际发展情况确定；需要说明的是，2011 年英国政府推出电力市场改革方案（EMR），可再生能源义务逐步被差价合约固定电价政策取代。

综上所述，国外“配额制＋绿证”绿色电力消纳机制特征如下。

一是综合考量资源禀赋、经济基础和技术发展水平确定配额目标。如美国加利福尼亚州、荷兰和印度等分别规定到 2020 年能源消费的 33％、10％和 15％必须来自可再生能源，德国要求 2020 年、2030 年、2040 年和 2050 年可再生能源发电份额分别要达到 35％、50％、65％和 80％；美国得克萨斯州规定到 2025 年可再生能源装机容量达到 10GW。另外，也有一些国家和地区对可再生能源的售电量提出相应要求，如日本规定可再生能源的售电量不低于 160 亿 kWh（2014 年）。

二是基本采用相对确定的比率明确配额分配指标。如意大利、澳大利亚、美国多数州等采用相同比率的配额指标；日本采用等比例配额指标乘以电网坚强系数的方式分配配额；另外，美国部分地区采用逐年递增的方式形成配额量，如加利福尼亚州采用以市场主体购买的可再生能源电量占比为基准值，每年以 1％的比例递增的方式确定配额指标。

三是通常将发电、配售电环节主体作为配额义务主体，输电环节主体几乎不作为配额制的义务承担主体。意大利、韩国等国家选择以发电商为配额制的义务承担主体，发电企业通过向可再生能源发电企业购买绿色电力证书的方式完成配额义务，其本质上是发电企业给可再生能源发电企业进行补贴；美国加利福尼亚州、日本、瑞典等国家或地区将配售电企业作为配额义务承担主体，配售电企业向可再生能源发电企业购买绿色电力证书以完成配额义务，其购买证书增加的成本将通过销售电价进行疏导，本质上是由电力用户给可再生能源发电企业进行补贴。

四是单位电量对应核发的绿证数量与绿证类型存在差异。如美国得克萨斯州、澳大利亚和瑞典将对应1MWh的结算电量核发为1个单位绿证；部分国家为支持新兴可再生能源的发展，引入可再生能源绿证核发乘数，如在英国先前实施的绿证市场中规定陆上风电和海上风电的1MWh电量分别对应核发1个和2个单位的绿证；此外，澳大利亚自2011年起将绿证分为大规模证书（包括太阳能、风能、潮汐能和生物质能等，LGCs）和小规模证书（包括太阳能热水器、热泵和小型水电系统等，SGCs）两种。

五是形成了涵盖证书有效期、罚金与支持价格的惩罚与约束机制。证书有效期视各国情况而定，多数设定为一年或多年，甚至不做限制；与此同时，部分国家和地区还设定了绿证价格上下限，如英国曾经的绿证市场中将对发电商回收剩余的绿证时的收购价格作为绿证的价格下限，瑞典以绿证均价的1.5倍设定罚金，印度将太阳能证书的罚金定为2400卢布/MWh，非太阳能证书为3000卢布/MWh；此外，美国伊利诺伊州为可再生能源产业设定支持价格，将可再生能源企业和传统发电企业发电成本之间的成本差值作为绿证的价格下限。

5.1.3 其他机制

除了前述常用的“配额制＋绿证”外，各国也陆续也开展了固定电价补贴、溢价补贴、差价合约等多项机制，以促进清洁能源消纳。

（1）固定电价补贴机制。固定电价补贴机制为按照各类可再生能源发电的标准成本，直接明确规定各类可再生能源电力的上网价格。在该模式下，可再生能源一般以政府规定的固定电价上网，不参与竞价交易，电网企业以固定电价收购可再生能源，补贴价格一般逐年递减。固定电价政策主要在日本、芬兰等国实施，德国、意大利、葡萄牙等国家通常只对容量较小的可再生能源发电机组实施。固定电价政策是使用时间最久也是使用最广泛的政策。

（2）招标电价机制。招标电价即通过竞价方式确定可再生能源的上网电价，政府根据竞标企业所报的可再生能源发电价格，来选择报价最低的可再生能源发电商。在招标电价政策中，中标的可再生能源发电商能够签订长期的合同，以保证较为稳定的收益。在可再生能源发电商竞价上网的过程中，政府机构首先给定需要竞价收购的可再生能源总电量，并组织可再生能源发电商相互竞争来获得上网电量，然后强制电网企业从中标的发电商收购对应的电量。

（3）溢价补贴机制。溢价补贴机制（FIP）是指政府在电力市场价格的基础上给予可再生能源相应的电价补贴，即可再生能源按照电力市场规则与其他电源无差别竞价上网，同时政府为上网的可再生能源提供溢价补贴，其额度根据可再生能源的市场交易均价和固定上网电价的差额计算出，可再生能源的电价水平为“溢价补贴＋电力市场价格”。溢价补贴主要可分为溢价固定型溢价补贴机制（包含上限与下限）与溢价变动型溢价补贴机制。目前，丹麦、德国等国实施这一机制。德国于2012年在《可再生能源法》中引入了市场溢价机制，可再生能源可以选择固定上网电价机制，也可以选择溢价机制。

（4）差价合约机制。在差价合约机制下，政府会成立相关管理部门，即差价合同订约方，负责签署和管理差价合同以及管理差价合同支付。可再生能源发电商与政府成立的差价合约订约方签订差价合约，并规定一个执行电价，即合约价格。发电企业通过电力市场出售电力，然后获得电力售价与执行价之间的价差支付。当授权合约电价低于执行电价时，由政府向发电商补贴电力售价与执行电价之间的差价；当参考电价高于执行电价时，发电商需要向政府退还差价。为减少消费者的支付费用，降低可再生能源发电的补贴强度，英国政府于2015年制定了融合市场竞争的差价合同机制，并从2017年开始，全面实施差价合约机制。

（5）长期购电协议机制。长期购电协议指电力用户与风电、光伏等新能源企业签订的为期10～20年的购电协议，并伴随绿色电力证书的转让。从合约特性来看，长期购电协议可以分为物理合约和虚拟合约两种。其中，物理合约指购电协议需要实际执行，要求发电方和购电方位于同一电网范围内；虚拟合约则是一份单纯的金融合同，其实质是差价合约，只用来在发电方和用电方之间进行结算，不进行电力传输。目前，长期购电协议机制被欧洲各国企业广泛应用于采购分布式可再生能源。北欧地区保持了企业PPA重要市场的地位，挪威、芬兰和瑞典在2020年分别位列第三、第四和第五大企业PPA市场，挪威的增长尤为强劲。

5.1.4 对比总结

固定电价、招标电价、溢价补贴、差价合约、长期购电协议、绿色证书六种机制的优缺点对比如表5-1所示。

表5-1　　六种机制的优缺点对比

机制	优　点	缺　点
固定电价	（1）机制简单； （2）收入固定，风险低	（1）市场发挥作用小，缺乏调节动力； （2）非竞争性的固定电价机制难以准确反映机组成本变化； （3）补贴费用全部由政府承担，成本疏导压力较大
招标电价	（1）有助于促进企业提高效率； （2）通过竞争发现补贴成本，降低补贴压力	可能出现超低价中标情况，将对发电机组建设、并网、行业秩序等产生不利影响
溢价补贴	（1）部分成本通过市场疏导给电力用户，降低补贴压力； （2）参与市场，引导机组通过调节出力响应市场价格信号	（1）收入可变，增加投资风险； （2）补贴标准的确定存在一定难度

续表

机制	优　点	缺　点
差价合约	（1）收入固定，风险低； （2）部分成本通过市场疏导给电力用户，降低补贴压力	（1）机组收入稳定，缺乏参与市场调节的动力； （2）合约执行价格的确定存在一定难度
长期购电协议	（1）建立发用双侧直接交易渠道，降低补贴压力； （2）收入稳定，风险低	对市场主体的激励效果弱
绿色证书	（1）疏导补贴压力； （2）参与电力批发市场，引导机组通过调节出力响应市场价格信号； （3）参与绿证市场，通过市场化竞争反映绿证价值	（1）机制设计和管理都比较复杂； （2）由于绿色证书和电力市场价格存在不确定性，存在收益风险

从国外绿色电力消纳机制的发展历程来看，整体呈现如下特征：一方面，部分国家使用固定上网电价作为早期支持机制，随着技术的逐步成熟、电力市场发展需要，支持机制也随之变化，以适应可再生能源发电技术和规模的变化；另一方面，随着可再生能源比重提高，政府财政补贴压力增大，部分国家尝试通过差价合约等机制疏导补贴压力。国外典型国家的可再生能源支持机制演变情况如图 5-1 所示。

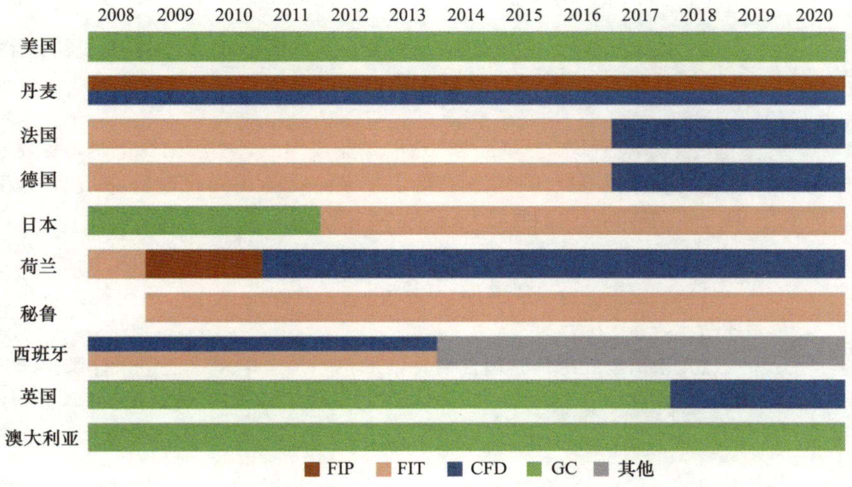

图 5-1　国外典型国家的可再生能源支持机制演变情况

5.2 国内现状

目前，我国主要开展的绿色电力交易机制分为三大类：可再生能源绿色电力证书交易（以下简称“绿证交易”）、可再生能源电力消纳量交易（或“可再生能源电力超额消纳量交易”，以下简称“超额消纳量交易”）以及绿色电力交易（以下简称“绿电交易”），本章节重点围绕上述三类品种展开阐述。

5.2.1 绿证交易

可再生能源绿色电力证书（以下简称“绿证”）是国家对发电企业每兆瓦时非水可再生能源上网电量颁发的具有独特标识代码的电子证书，是非水可再生能源发电量的确认和属性证明以及消费绿色电力的凭证。绿证由国家可再生能源信息管理中心按月核定和核发，陆上风电、光伏发电企业（不含分布式光伏发电）所产生的可再生能源发电量经申请和批准后即可获发，见表5-2。

表5-2　绿证买卖主体、核发标准以及与补贴的关系

卖方	可再生能源补贴目录内的陆上风电和光伏发电项目（不含分布式光伏项目）
买方	（1）四类购买者：①各级政府机关；②企事业单位；③社会机构；④个人。 （2）目前的绿证认购后不能再次出售
核发标准	按照发电项目与电网企业（售电企业或用户）实际结算电量，每兆瓦时结算电量对应1张绿证（通俗而言即1张绿证代表1000度电）。不足1MWh的电量部分将结转到次月核发
与补贴的关系	（1）已出售的绿证，其所对应的电量不再享受国家可再生能源电价附加资金补贴。 （2）未出售的绿证（包含两种情形：一是已申领绿证但未挂牌出售或协议转让，二是已挂牌但尚未被实际认购），其所对应的电量部分仍可享受原有补贴

绿证交易呈现“证电分离”特征，其从消费侧入手，通过引导消费绿色电力促进能源结构优化，认购主体覆盖各级政府机关、企事业单位、社会机

构以及个人；出售主体为包括补贴目录内的陆上风电和集中式光伏，以及平价（或低价）的各类新能源发电项目。绿色电力证书经认购后不得再次出售，由国家可再生能源信息管理中心负责对购买绿色电力证书的机构和个人核发凭证。风电、光伏等新能源发电企业出售绿证后，相应的电量不再享受国家可再生能源电价附加资金的补贴；绿色电力证书的认购方，实际上是获得了声明权，即宣称自身使用了绿色能源。

数据显示，2021 年我国绿证交易呈现以下两个特征：一是补贴项目的绿证价格远高于非补贴项目的绿证价格。2021 年，我国补贴项目风电绿证和光伏绿证成交的平均价格分别为 193.2 元/个、649.9 元/个，非补贴项目风电绿证和光伏绿证的成交平均价格均为 50 元/个。二是风电绿证的价格远高于光伏绿证的价格，风电绿证成交量远大于光伏绿证。综合来看补贴绿证和非补贴绿证成交情况，2021 年风电绿证交易的平均成交价格为 146.3 元/个，而光伏绿证交易的平均成交价格仅为 72.6 元/个；2021 年，全国累计风电补贴项目绿证成交量为 78 682 个，而累计光伏补贴项目绿证成交量仅为 181 个。2021 年我国补贴项目绿证成交价格情况见图 5 - 2，2021 年我国无补贴项目绿证成交价格情况见图 5 - 3，我国 2021 年风电和光伏绿证成交价格对比见图 5 - 4。

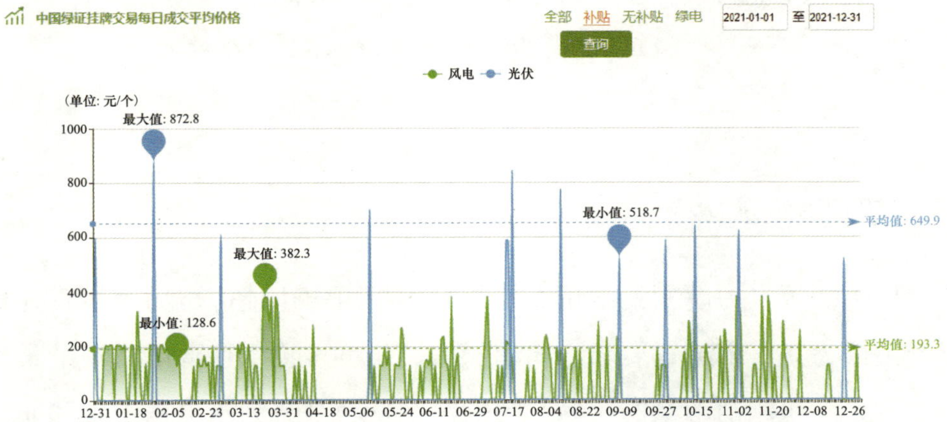

图 5 - 2　2021 年我国补贴项目绿证成交价格情况

来源：中国绿色电力证书认购交易平台。

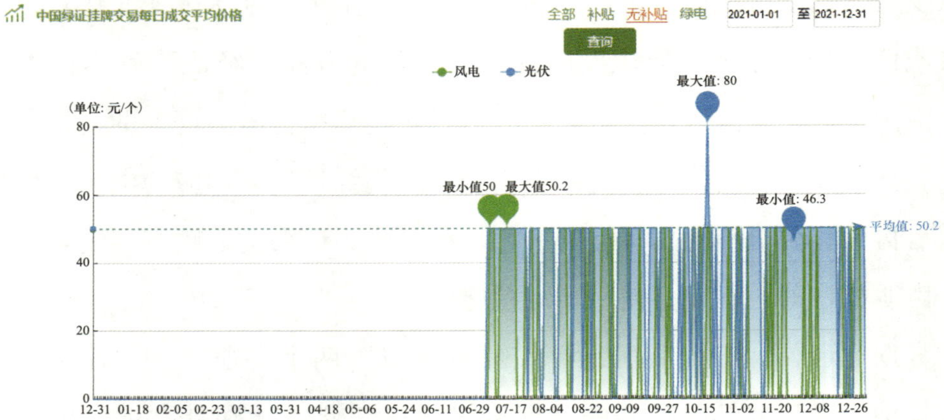

图 5-3　2021 年我国无补贴项目绿证成交价格情况

来源：中国绿色电力证书认购交易平台。

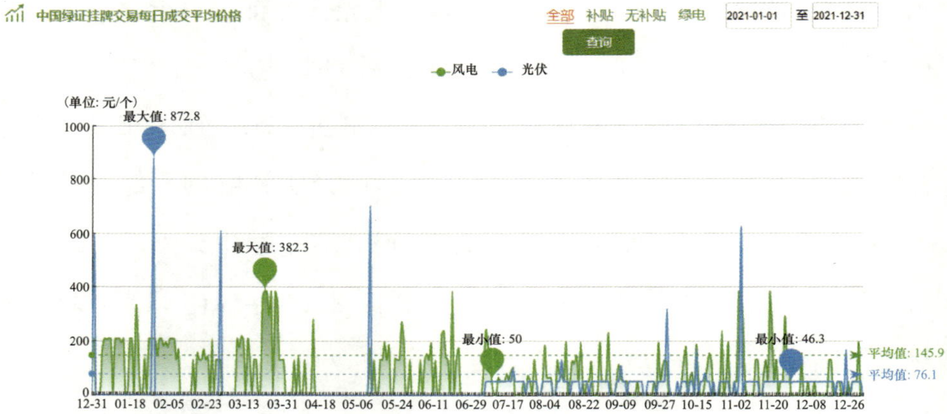

图 5-4　我国 2021 年风电和光伏绿证成交价格对比

来源：中国绿色电力证书认购交易平台。

5.2.2　超额消纳量交易

可再生能源电力超额消纳量交易是指承担可再生能源电力消纳责任权重的市场主体为完成消纳量要求，向超额完成年度可再生能源电力消纳量的市场主体购买其超额消纳量的交易。超额消纳量交易分为水电消纳量和非水电可再生能源电力消纳量，各省级行政区域内的超额消纳量交易原则上由省级电力交易中心组织；跨省跨区行政区域的消纳量交易，在北京电力交易中心和广州电力交易中心组织下进行（见表5-3）。

表5-3　超额消纳量交易主体、超额消纳量生成方式及计算方法

交易主体	同可再生能源消纳保障机制消纳责任主体范围
超额消纳量生成	（1）市场主体购买并实际消纳可再生能源电量后（有四条规则，明确具体的可再生能源消纳量方式，此处不赘述），获得可再生能源电力消纳量（以及非水可再生能源电力消纳量）。 （2）每1MWh超额消纳量生成1个超额消纳凭证，凭证年清年结，不跨年计入主体消纳责任权重
超额消纳量计算	（1）总消纳量＝水电消纳量＋非水电消纳量＋绿证认购量。 （2）总非水电消纳量＝非水电消纳量＋绿证认购量。 （3）若（水电消纳量＋非水电消纳量）≥最低总量消纳责任权重对应消纳量，则其总超额消纳量＝水电消纳量＋非水电消纳量-最低总量消纳责任权重对应消纳量。 （4）若非水电消纳量≥最低非水消纳责任权重对应消纳量，则其非水超额消纳量＝非水电消纳量-最低非水消纳责任权重对应消纳量。 （5）总超额消纳量是可出售总消纳量的上限，非水电超额消纳量是可出售非水电消纳量的上限。在总量消纳责任权重完成时，可出售水电消纳量；在总量消纳责任权重和非水电消纳责任权重都完成时，可出售非水电消纳量

从概念和含义上看，可再生能源超额消纳量交易是各类消纳责任主体完成自身消纳量指标的重要补充方式。各省级行政区域在完成可再生能源消纳责任权重过程中，超过最低消纳责任权重的部分成为超额消纳量。消纳量交易的成员涵盖承担可再生能源电力消纳责任的电网企业、售电公司、电力用户等主体。

从功能定位上看，可再生能源超额消纳量交易与绿证交易在完成消纳责任方面具有高度同质性。《关于建立健全可再生能源电力消纳保障机制的通知》（发改能源〔2019〕807号）明确，各承担消纳责任的市场主体在实际消纳可再生能源之外，还可以通过向超额完成年度消纳量的市场主体购买超额完成的可再生能源电力消纳量或自愿认购可再生能源绿色电力证书的方式完成消纳责任。

从主体间交易过程上看，可再生能源消纳量交易与碳交易具有一定相似性。可再生能源消纳量随消纳责任承担主体实际消纳可再生能源电量规模自动生成，通过可再生能源电力消纳凭证计量。如图5-5所示，类似碳交易，未完成年度消纳量的市场主体 B 与超额完成年度消纳量的市场主体 A 之间可以开展超额消纳量交易，未完成年度消纳量的市场主体 B 向超额完成年度消纳量的市场主体 A 购买其超额完成的超额消纳量。在具体的交易方式方面，超额消纳量交易采用双边协商、集中竞价和连续竞价方式。

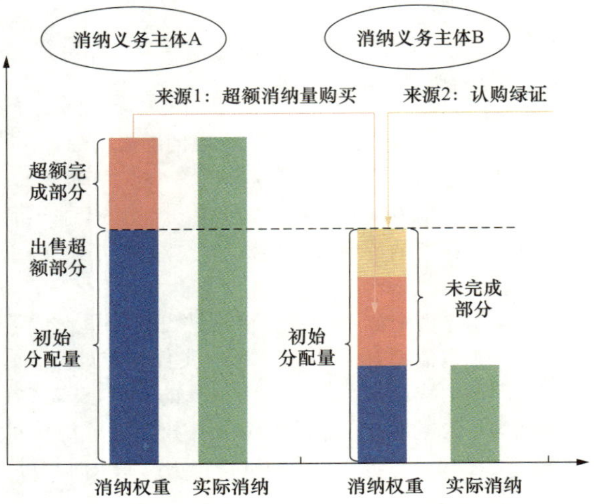

图 5-5　超额消纳量交易框架

从交易标的上看，超额消纳量交易标的物分为水电超额消纳量和非水电超额消纳量，二者同时组织，细分交易品种、周期与交易方式一致，交易单位为兆瓦时，申报数量为 1MWh 或其整数倍。从交易标的范围上看，超额消纳量交易的交易品种包括省级交易和全国交易，前者由各省级电力交易中心组织，在自身消纳责任权重完成的前提下，市场主体可以出售消纳量；全国交易由北京、广州电力交易中心组织，市场主体可以向本省或外省主体出售消纳量。在竞价方式上看，超额消纳量交易采用双边协商、集中竞价与连续竞价方式，集中竞价交易阶段未成交部分的消纳量自动进入连续竞价交易阶段。

2021 年 2 月 5 日，全国首次可再生能源电力超额消纳量交易正式开市，共 10 个省参与省间交易，交易采用双边协商和挂牌交易方式，其中双边交易达成超额消纳凭证转让结果 245.5 万个，挂牌交易申报交易意向 910 万个。

5.2.3 绿电交易

绿色电力交易（简称“绿电交易”）是以风电、光伏等绿色电力产品为标的物的中长期交易，绿电交易后电能的环境价值同步完成交割，并提供可溯源的绿电消费认证。2021年9月，国家发改委、国家能源局正式批复了《绿色电力交易试点工作方案》，决定在现有的中长期框架下，设立独立的绿电交易品种，为绿电单独开辟交易市场，为绿电的环境属性单独定价，引导有绿电需求的用户直接与发电企业开展交易。2022年1月，南方区域各电力交易机构联合发布《南方区域绿色电力交易规则（试行）》，规则明确，绿色电力交易分为直接交易和认购交易两种形式。

从概念和含义上看，绿电交易具有独立性和优先性。绿电交易是在现有电力中长期交易框架下所设立的独立的交易品种。致力于通过引导有绿色电力需求的用户直接与发电企业开展交易，激励用电侧购买绿色电力的积极性，在电力市场运行和电网调度中呈现“优先组织、优先安排、优先执行、优先结算”特征。交易流程可归结为“发布交易公告→双边洽谈达成意向→出清形成无约束交易结果→安全校核→交易结果发布→签订电子合同→交易执行→交易结算→绿色电力消费认证”。

从主体范围上看，参与绿色电力交易的发电企业初期主要为风电和光伏等新能源企业，现阶段主要是集中式陆上风电、光伏，根据市场建设发展需要，售电主体可逐步扩大至符合条件的水电企业以及其他可再生能源发电企业。购电主体优先选取用电增长快、风险承受能力强的电力用户或售电公司。另外，北京电力交易中心发布的规则中允许分布式新能源可通过聚合的方式参与绿色电力交易，其聚合方式不限于虚拟电厂的概念，已取得入网许可且同属一家投资主体的屋顶分布式光伏可聚合成一个市场主体参与市场交易。

从交易标的来看，绿电交易标的为电能量，原则上以中长期专场（年度、月度）交易为主；初期优先组织未享受各类国家政策性补贴和保障性收购政策的风电、光伏电量，其次组织交易未享受各类国家政策性补贴并由电网保障性收购的风电、光伏电量；当难以满足用电侧需求时，再组织交易各类国家补贴政策对应的全寿命周期合理利用小时数之外的风电、光伏电量。即现阶段开展的绿电交易试点涵盖了目前上网电价机制下已经有资格获得保障性收购的可再生发电资源。如果消费者对绿电的需求较大，导致由上网电价和保障性收购小时数已经覆盖的所有电力完全被消纳，那么消费者就可以考虑从补贴项目和电网保障性收购电力中购买绿电。根据绿电来源于市场化部分还是电网保障性收购部分，绿电交易获得的收益资金将补偿给不同的实体。

在价格机制方面，绿色电力的价格由电能量价格和绿证价格两部分组成，由市场主体通过协商、挂牌、竞价等中长期交易方式形成，或参考竞争性配置形成的上网电价，其中电能量价格主要体现绿色电力的生产运营成本，绿证价格主要体现绿色电力的环保价值和市场主体的购买意愿（见图5-6）。

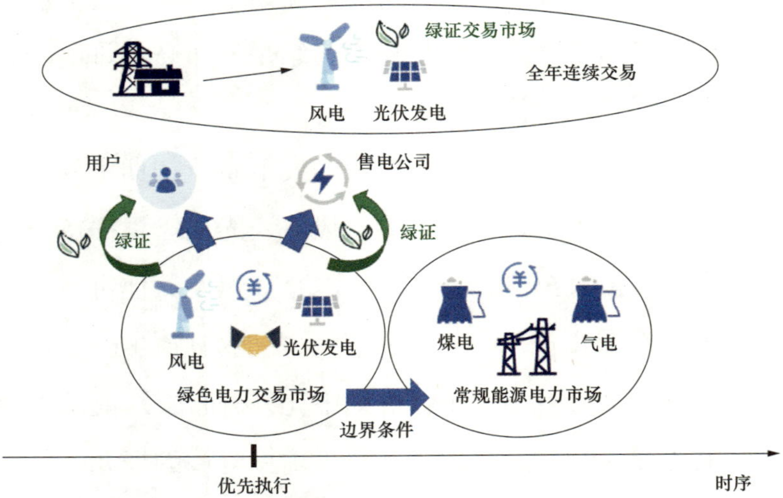

图5-6　绿电交易市场框架

绿电交易总体呈现“证随电走”“证电合一”特征，绿证和绿电同步交给购买绿电的用户。在绿电交易框架体系下，由国家能源主管部门组织国家可再生能源信息管理中心，根据绿电试点需要批量核发绿证，并划转至电力交易中心，交易中心根据绿电交易结果将绿证分配至电力用户。绿证原则上按照发电企业、电网企业、售电公司、电力用户单向流转，不允许逆向交易。当售电公司、大用户通过双边协商及挂牌交易直接向风电、光伏发电企业购买绿色电力时，绿证权属向售电公司及大用户流转；电网企业负责保障性收购绿色电力或代理购电时，绿证权属向电网企业流转；售电公司、大用户等购电主体向电网企业购买绿色电力时，绿色电力对应的绿证权属由电网企业流转至购电主体；零售用户通过售电公司代理购买绿色电力时，绿证权属向零售用户流转。

2021年9月7日，绿色电力交易试点正式启动，全国共17个省份259家市场主体参与，达成交易电量79.35亿kWh，成交价格较当地电力中长期交易价格增加3～5分/kWh，用户类型覆盖了国有大型企业、跨国公司和外向型企业。

截至2022年8月，北京电力交易中心在国家电网公司经营范围内累计组织开展绿电交易147.75亿kWh，整体平均溢价48.7元/MWh。

2021—2022年，广东绿电交易规模达13.3亿kWh，在南方电网区域内位居首位。其中，2021年，广东省绿色电力交易电量0.3亿kWh，2022年交易电量13亿kWh，绿电交易增长迅猛，省内市场化绿色电力需求旺盛。

5.3 发展趋势

（1）主体范围将进一步扩大。随着新能源的装机比例不断提高，绿证交易、超额消纳量交易、绿电交易等将在市场体系中发挥越来越重要的作用，预计未来将有更多市场主体参与绿证等市场，进一步提升清洁能源的市场竞争力，充分彰显环境价值，有效激励新能源投资，助力“双碳”目标和新型电力系统建设。

（2）产品国际认可度进一步提升。当前，RE100等国际组织对国内绿证实行“有条件认可”，即必须满足“必须购买可再生能源发电的所有环境权益，且这些权益未被出售、转让和别处声明”的认可条件。随着绿证与碳减排关系进一步厘清，绿证、绿电、碳配额、超额消纳量、CCER 等产品之间的衔接机制逐步完善，国内绿证逐步与国际绿证并轨，国内绿证的国际认可度进一步加强。

（3）交易机制趋于完善。全社会绿色低碳转型的需要持续驱动着绿证交易、超额消纳量交易、绿电交易等机制趋于完善。例如，绿证市场化价格形成机制预计将逐步建立，以更好体现可再生能源的环保价值和市场主体的购买意愿；又如，绿证与配额制的结合或将更加紧密，配额制下的绿证交易不仅可以满足消纳责任主体履行义务的需求，也可以通过出售绿证获益实现对新能源发电企业的成本补充并进一步激励新能源发展；此外，绿电交易机制也将持续完善，对于偏差考核、核查、追踪、结算等运作机制，未来将进一步得到细化和明确。

（4）市场运行更加协调。面向“双碳”目标，未来我国绿证交易、超额消纳量交易、绿电交易等市场机制之间的联系更加紧密，未来绿证制度和绿电交易或将呈现协同发展态势，绿证交易、超额消纳量交易、绿电交易、碳排放权交易之间的关联关系或将进一步得到厘清，碳排放量认证、核发、激励和惩罚等机制预计将趋于完善，不同类型市场体系之间将形成协同运行、共同发力的局面。

第 6 章

碳市场建设及对电力市场的影响

创新引领 智力共享

碳排放权交易市场是利用市场机制控制和减少温室气体排放、推动绿色低碳发展、助力“碳达峰、碳中和”目标实现的重要手段。2021年是全国碳交易市场启动元年，2021年7月，全国碳市场正式启动，首批纳入2225家发电行业企业，当日开盘价为48元/吨，上市首日交易总量410.4万吨，交易总额达到21 023.01万元。碳排放权市场的建设将改变我国能源消费格局，也将为电力市场带来深远影响。

6.1　国际碳市场实践经验

6.1.1　全球碳市场

全球碳市场的建设开始于20世纪80年代。1997年，《京都议定书》在《联合国气候变化框架公约》缔约方第三次会议上通过，建立了包括清洁发展机制（CDM）、联合履行机制（JI）、国家排放贸易机制（ET）在内的三种碳排放履约机制（见图6-1）。

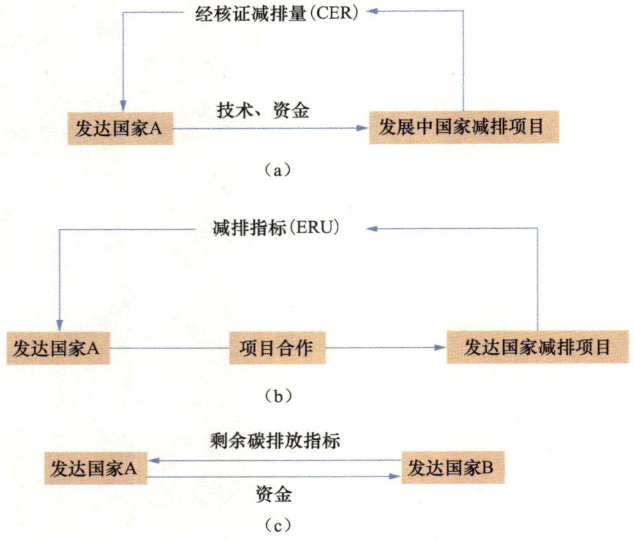

图6-1　国际层面三种典型减排机制

(a) 清洁发展机制（CDM）；(b) 联合履行机制（JI）；(c) 国家排放贸易机制（ET）

在覆盖范围方面，根据国际碳行动伙伴组织（ICAP）报告，截至 2020 年底，正在运行的碳排放交易体系共有 25 个，覆盖的碳排放约占全球排放总量的 17%，覆盖人口约占全世界人口的 1/3。

在价格水平方面，受当前和预期配额稀缺、宏观经济状况、碳排放交易体系规则修订、其他气候和能源政策等影响，近 10 年全球范围内碳价水平呈现“长期上升、短期波动”的特征。

在运行成效方面，国际碳市场通常将配额拍卖收入用于资助气候变化领域项目，包括能效提升、低碳交通、可再生能源开发利用、扶持弱势及低收入群体。截至 2020 年底，全球各个碳市场已通过拍卖配额筹集超过 1030 亿美元资金。

6.1.2　区域碳市场

欧盟碳市场（EU - ETS）是目前国际上最大、最活跃的碳排放权交易体系。在交易体系方面，欧盟碳市场采用“总量管制与交易（Cap and Trade）”模式。由政府确定碳排放量总量，然后向重点排放企业发放配额。每一年末，企业必须交出足量配额，否则将被处以高额罚款，超额排放的企业需要根据自己的实际配额消耗量从市场买入其他企业富余配额。

在市场主体方面，欧盟碳市场主体包括控排企业、商业银行、投资银行等金融机构，以及政府主导的碳基金、私募股权投资基金等各种投资方。

在碳价水平方面，欧盟碳价可分为四个阶段：①第一阶段（2005—2007 年）：以免费发放配额为主，由欧盟成员国以自上而下的方式形成配额量，此阶段配额供给过剩，碳价较低；②第二阶段（2008—2012 年）：欧盟将免费碳配额发放比例削减至 90%，然而受到经济危机的影响，市场需求不足，碳价仍处于较低水平；③第三阶段（2013—2020 年）：欧盟采取总量控制的形式统一欧盟范围内的碳排放量，自 2013 年（20.8 亿吨）开始逐年减少 1.74%的配额总量发放上限，同时逐渐以拍卖替代免费发放，价格稳步提升；④第四阶段（2021—2030 年）：沿用总量控制方式，配额总量发放上限逐年减少2.2%，配额总量减少后碳价快速上涨，2021年12月欧盟碳价突破80欧元/吨。

在交易机制方面，采用配额总量递减、有偿拍卖、市场稳定储备（MSR）等机制以保障市场平稳运行。通过控制配额总量减缓前期配额供给过剩导致的低碳价；通过有偿拍卖增加市场主体碳排放成本、调节市场短期供需、增加市场流动性；MSR机制通过配额储备调节长期控制配额盈余、平衡供需。

在碳金融方面，欧盟碳衍生品包括基于EUA（普通碳配额）、EUAA（航空业碳配额）、ERU（抵消机制中的JI碳配额）等碳排放权的远期、期货、期权、掉期、价差、碳指数等。欧洲碳衍生品市场持续活跃，例如2019年欧洲能源交易所（EEX）的碳金融衍生品交易量为4.26亿吨，其中碳排放权期货交易量为1.67亿吨，是现货交易量的3.3倍；进入2021年，以欧洲能源交易所（EEX）7月首周碳交易情况看，现货交易量为2386万吨，期货交易量为2.1亿吨，折年交易量期现货共约126亿吨。

6.1.3 电力市场与碳市场协调发展实践

欧盟碳市场与电力行业的协调发展。欧盟统一电力市场与区域碳市场在政策层面直接联系较弱，电、碳市场主要通过市场主体自主决策实现协同运行。从实际运行情况来看，碳市场的价格波动通常会传导至电力市场。理论上，影响电价的主要因素包括化石能源成本、环境政策、气象等因素，欧盟碳市场的出现使得碳成本内部化为发电企业的机会成本，从而影响电力市场价格。事实上，影响碳价对电价传导效果的因素还包括有煤炭或天然气等一次能源价格、电源结构、供需弹性、竞争强度等。

根据数据显示，欧盟区域范围内的碳价与电价呈一定相关性。欧盟部分成员国（区域、城市）的电价、碳价水平以及皮尔逊相关性分析结果如图6-2和表6-1所示，从价格走势上看，可见欧洲范围内大多数地区的电价与碳价呈现一定的相关关系。

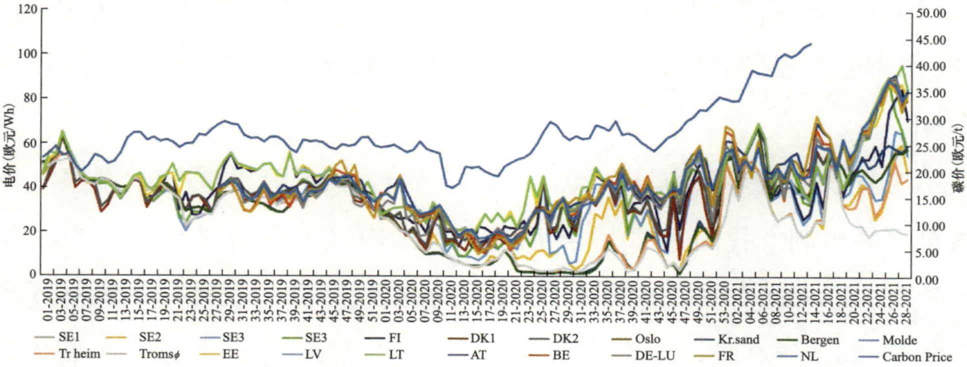

图 6-2　欧盟不同区域碳价和电价水平一览

SE—瑞典；FI—芬兰；DK—丹麦；Oslo—奥斯陆；Kr. sand—克里斯蒂安桑；Bergen—卑尔根；Molde—莫尔德；Tr Heim—特隆赫姆；Tromsø—特罗姆瑟；EE—爱沙尼亚；LV—拉脱维亚；LT—立陶宛；AT—奥地利；BE—比利时；DE-LU—卢森堡；FR—法国；NL—荷兰；Carbon Price—碳价

表 6-1　　欧盟不同区域碳价和电价的皮尔逊分析

国家/区域	与碳价的相关系数	显著性	国家/区域	与碳价的相关系数	显著性	国家/区域	与碳价的相关系数	显著性
SYS	0.235	*	Oslo	0.306	* *	LV	0.397	* *
SE1	0.154		Kr. sand	0.285	* *	LT	0.450	* *
SE2	0.154		Bergen	0.304	* *	AT	0.749	* *
SE3	0.325	* *	Molde	0.118		BE	0.668	* *
SE4	0.444	* *	Tr. heim	0.118		DE_LU	0.689	* *
FI	0.307	* *	Tromsø	0.088		FR	0.701	* *
DK1	0.456	* *	EE	0.400	* *	NL	0.728	* *
						DK2	0.503	* *

注　1. 底色越偏红表示相关性越强；反之相关性越弱，相关系数 0.7 以上可认为强相关；
2. “*”表示相关系数 p 为 0.01～0.05、“* *”表示相关系数 p 在 0.01 以下。

6.2　国内碳市场建设现状

我国碳市场发展主要包括三个阶段。第一阶段为以清洁发展机制（CDM）为基础的项目交易市场（2011 年以前），该阶段主要通过核证减排量（CERs）参与国际碳交易。2002年我国首次与荷兰开展CDM合作；2012年国内新增CDM注册项目数1819个，占全球CDM新注册项目数量的56%。

第二阶段为试点碳市场（2011—2020年），同时建立了国内温室气体自愿减排交易机制。我国于2011年正式启动国内试点碳市场建设，2013年前后，随着国际CDM项目逐渐退出，国内温室气体自愿减排交易机制逐步建立，截至2021年9月，自愿减排交易累计成交量超过3.34亿吨二氧化碳当量，成交额逾29.51亿元。

第三阶段为全国碳市场（2021年起），2021年7月16日，全国碳市场上线交易正式启动。目前仅覆盖发电行业，未来将逐步纳入钢铁、有色、石化、化工、建材、造纸、航空等行业。

6.2.1 试点碳市场

2011年10月，碳排放权交易地方试点工作在北京、天津、上海、重庆、广东、湖北、深圳7个省市启动。2013年起，7个试点碳市场陆续开始上线交易，覆盖了电力、钢铁、水泥20多个行业近3000家重点排放单位；2021年，试点碳市场累计成交二氧化碳当量约3626万吨，总成交额约11.67亿元。

从覆盖范围来看，试点碳市场主要包括电力、交通、建筑等高排放行业，同时各省依据地方发展特点对纳入行业进行调整；湖北试点的碳控排体系中覆盖范围最广，涉及16个行业；在配额分配方式上，各试点主要以免费分配为主，根据不同行业特点多采用基准线法或历史强度法确定配额分配数量；在惩罚机制方面，针对未足额清缴碳配额的企业，各试点确定了罚款及配额扣除两种惩罚机制，其中北京试点惩罚力度最大，对超额排放量处以3～5倍罚款；广东、天津、湖北、福建均要求在下一年度扣除双倍碳配额。在CCER抵消机制方面，各试点抵消比例一般为核发配额量或年度实际排放量的5%～10%。

6.2.2 全国碳市场

全国碳市场由上海环境能源交易所负责组织交易，湖北碳排放权交易中心负责注册、登记、结算。全国碳市场第一个履约周期共纳入发电行业重点排放单位 2162 家，年覆盖温室气体排放量约 45 亿吨二氧化碳。截至 2021 年 12 月 31 日，碳排放配额累计成交量 1.79 亿吨，累计成交额 76.61 亿元，成交均价 42.85 元/吨，履约完成率 99.5%。2021 年 10 月，生态环境部印发《关于做好全国碳排放权交易市场第一个履约周期碳排放配额清缴工作的通知》，宣布启动全国碳市场第一个履约周期重点排放单位碳排放配额的清缴工作。

在履约时序方面，全国碳市场采用两次发放配额的方式，例如对于第 N 年的配额，首先在上一年度（第 $N-1$ 年）履约期结束（通常为年底）后，基于产量乘以一定比例（如 70%或 50%）进行配额预分配；随后，在国家主管机关获得经核查的产量数据和排放数据后（一般为第二年，即第 N 年当年的三、四月份），计算企业的最终配额量，进行配额的二次分配。

在配额分配方面，全国碳市场采取以强度控制为基本思路的行业基准法，以免费分配为主、拍卖为辅。该方法与实际产出量挂钩，对标行业先进碳排放水平，兼顾了当前将排放强度列为约束性指标要求的制度安排。

在市场组成方面，分为一级市场和二级市场，一级市场涉及对碳配额的初始分配，包括免费发放和拍卖两种方式；二级市场涉及各种排放实体的自由交易行为，包括挂牌协议交易、大宗协议交易、单向竞价等方式。

6.3 电力市场与碳市场的相互影响机理

6.3.1 碳市场对电力市场的影响

（1）直接影响电力批发市场机组成本排序，改变现有发电侧利益格局。

在碳市场和电力市场相互耦合的情况下，电力市场出清时将考虑机组的碳排放成本；若两市场独立运行，机组的碳成本也将由发电企业间接地考虑在机组报价中。因此，碳成本将纳入市场调度决策中，提升排放强度较低的发电机组利用率，影响电力市场出清结果。例如引入碳市场前，燃煤机组的边际成本普遍要低于燃气机组，在电力市场中具备竞争优势；引入碳市场后，当前阶段由于燃煤机组减排成本高于燃气机组，部分场景下可能出现燃气机组相对燃煤机组形成边际成本优势，改变批发市场的出清顺序。

（2）加剧碳减排主体运营绩效分化，提升机组能效水平。引入碳市场后，碳排放成本得以显性化，并转化为排放主体的内部成本。其中高能效发电机组可通过出售剩余碳排放权配额以降低综合发电成本；随着碳价走高，化石能源机组所承担的碳排放费用、发电成本差异将逐步扩大，高能效机组的成本竞争优势将进一步提高，低能效机组市场份额下降，进而提升化石能源机组的整体能效。

（3）加快新能源机组进入电力市场进程，有利于促进清洁能源在更大范围内消纳。当前陆上风电、太阳能光伏发电成本持续降低，欧洲等地区的光伏发电成本甚至已经逼近乃至低于传统能源发电成本，预计在不远的未来或将具备跟传统能源同台竞价的条件，而随着碳市场发展逐渐成熟，新能源在电能量市场中的价格竞争力进一步提升，以新能源为主体的新型电力系统将加快构建，社会对于清洁能源跨省跨区交易的需求将快速提高，从而推动区域电力市场交易规模进一步扩大。

（4）有利于引导高能效、低排放发电资源建设，推动电源结构转型。碳市场带来的碳排放成本将促使低能效、高排放的发电资源降低发电量，同时激励清洁低碳能源机组多发电；另外，碳市场往往将配额收益用于投资低碳项目、改善机组能效、淘汰低效老旧机组等，进一步优化电源结构。

6.3.2 电力市场对碳市场的影响

（1）电力市场化改革是碳价有效传导的重要基础。通过电力市场化改革能够将行业转型成本通过产业链传导至下游用电部门，释放需求侧减排潜力，推动全产业链减排、产业结构优化、经济社会低碳化发展；燃煤等机组的碳排放成本能够体现在市场竞价行为中，倒逼供给侧绿色低碳转型。

（2）电力市场出清结果是决定碳排放需求的重要因素。电力市场运行出清结果决定了包含化石能源发电机组在内的发电计划安排，也相当于决定了化石能源发电机组的碳排放量，碳排放需求变化将直接影响碳市场运行和碳价水平。

6.3.3　电力市场与碳市场的互动机理

碳市场与电力市场通过市场机制深刻影响发电企业等市场主体的行为决策，通过电价和碳价产生联动，借由发电量、装机容量、碳配额等中间变量实现市场状态交互传导。

从市场主体决策的角度出发，在实施碳排放权交易制度后，以燃煤为代表的高碳（含碳）控排主体除在电力市场进行交易之外，还需要统筹考虑碳交易带来的额外成本。对于免费碳排放配额之外的碳排放，需要该主体购买配额才能允许排放二氧化碳，从而增加了该主体的发电成本。随着控排主体的发电成本增加，该企业可获得的利润下降，进而会尝试降低发电出力水平或减少对相应电源装机的投资，从而导致在电力市场发电量下降，对碳配额的总需求量也随之下降。

碳市场与电力市场的交互影响可以用一个因果环路图来表征。如图 6-3 所示，燃煤等传统化石能源在供应电能同时产生碳配额购买需求，发电量越多，碳配额需求越大；随着碳配额需求增加，在配额总量不变的情况下，碳市场中的供需关系趋紧，碳价随之升高；当碳价升高时，发电企业碳减排成本增加，如果相关成本不能及时传导出去，将拉低企业总体利润水平，当碳价高企到一定程度时，将导致化石能源发电企业发电量减少、碳配额需求减少，最终达到动态均衡。即在电碳市场环境下，部分市场主体将同时参与碳市场与电力市场交易，此时上述主体将会综合统筹考虑同时参与电力市场、碳市场市场交易的成本及收益，充分掌握电碳市场交互协同运作机理，有利于提升市场主体竞价决策的科学性。

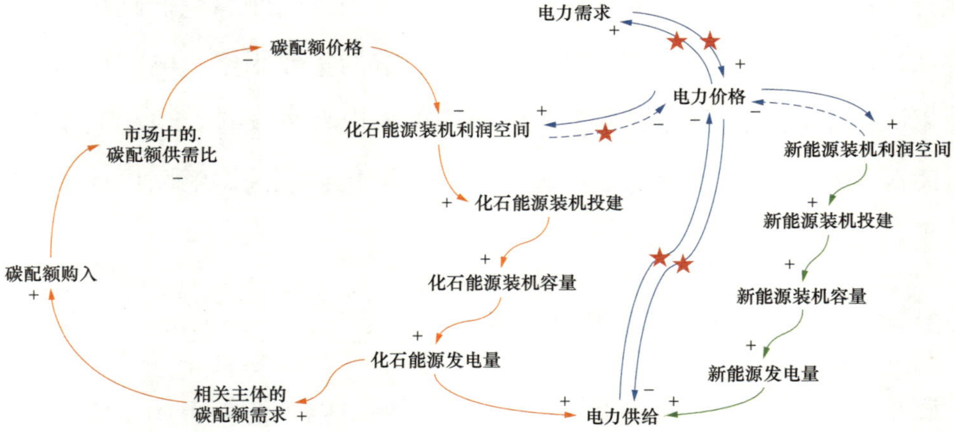

图6-3　碳市场与电力市场交互影响的因果环路图

碳排放权配额总量以及其中免费配额的规模是影响碳市场与电力市场之间均衡的重要因素。当碳市场配额较为严苛、电源结构以燃煤等化石能源发电机组为主体时，过高的碳价会推高化石能源机组综合供给成本，如果不能在电价中顺利疏导，可能造成部分机组倾向于选择不发电，严重时或将导致系统稳定运行；当碳市场配额设定过于宽松时，过低的碳价也将导致碳市场失去约束力，无法起到激励减排的作用。

6.4　碳市场发展趋势展望

（1）交易覆盖范围将逐步扩大。国外碳排放权交易市场大都经历了由小到大，逐步扩大控排行业、降低市场门槛、增加清单企业的发展历程。全国碳排放权交易市场从发电行业起步，未来随着市场逐步成熟，预计将逐步覆盖电力、石化、化工、建材、钢铁、有色、造纸、航空等行业，扩大市场范围，提高资源配置效率。

（2）免费碳排放配额预计逐步缩减。当前全国碳排放权交易市场的碳排放配额以免费分配为主，指标限额也相对宽松，以便于市场平稳起步。未来，参考欧盟碳市场等国际市场建设经验，考虑碳达峰、碳中和等目标要求，预计我国碳排放权交易市场免费配额比例将逐步降低、免费碳排放配额量将逐步缩减。

（3）交易价格预期逐步走高。市场起步阶段，碳市场配额分配以免费发放为主，配额指标相对宽松。未来，随着配额总量逐步收紧，有偿配额分配比例逐渐提升，预计长期来看，我国碳排放权市场交易价格呈现逐步走高趋势。

参　考　文　献

[1] 中国电力企业联合会.2021年全国电力市场交易简况［EB/OL］. http：//www. cec. org. cn.

[2] 广州电力交易中心.2021南方区域电力市场年报［EB/OL］. https：//gzpec. cn.

[3] 广州电力交易中心.2021年度跨区跨省电力市场运营报告［EB/OL］. https：//gzpec. cn.

[4] 广东电力交易中心. 广东电力市场2021年年度报告［EB/OL］. https：//pm. gd. csg. cn.

[5] 昆明电力交易中心. 云南电力市场2021年运行总结及2022年预测分析报告［EB/OL］. https：//www. kmpex. com.

[6] 昆明电力交易中心.2021年云南电力市场年报［EB/OL］. https：//www. kmpex. com.

[7] 贵州电力交易中心.2021年度贵州电力市场交易报告［EB/OL］. https：//www. gzpx. csg. cn/.

[8] 广西电力交易中心.2021年广西电力市场年报［EB/OL］. https：//pm. gx. csg. cn/＃/door/home.

[9] 四川电力交易中心.2021年度四川电力市场运营报告［EB/OL］. https：//pmos. sc. sgcc. com. cn.

[10] 中国电力企业联合会.2021—2022年度全国电力供需形势分析预测报告［EB/OL］. https：//cec. org. cn/.

[11] 张勉荣. 面向“双碳”目标的南方区域电力市场建设实践与思考［J］. 中国电力企业管理，2022（10）.

[12] 张勉荣. 南方区域电力市场建设的新形势、新任务与重点问题［J］. 中国电力企业管理，2022（4）.

[13] 陈政. 碳排放权交易将引发能源行业深刻变革［N］. 中国电力报，2022-01-17.

[14] 陈政. 碳边境调节机制将推动世界经贸格局重构［N］. 南方电网报，2021-09-20.

[15] 陈政. 重构电力市场体系必要又迫切［N］. 中国能源报，2021-08-21.

[16] 尚楠，陈政，卢治霖. 电力市场、碳市场及绿证市场互动机理及协调机制［EB/OL］. 电网技术.2022-08-26.